岩波現代文庫
社会 95

井出孫六

終わりなき旅

「中国残留孤児」の歴史と現在

岩波書店

目　次

旧満州国概略図

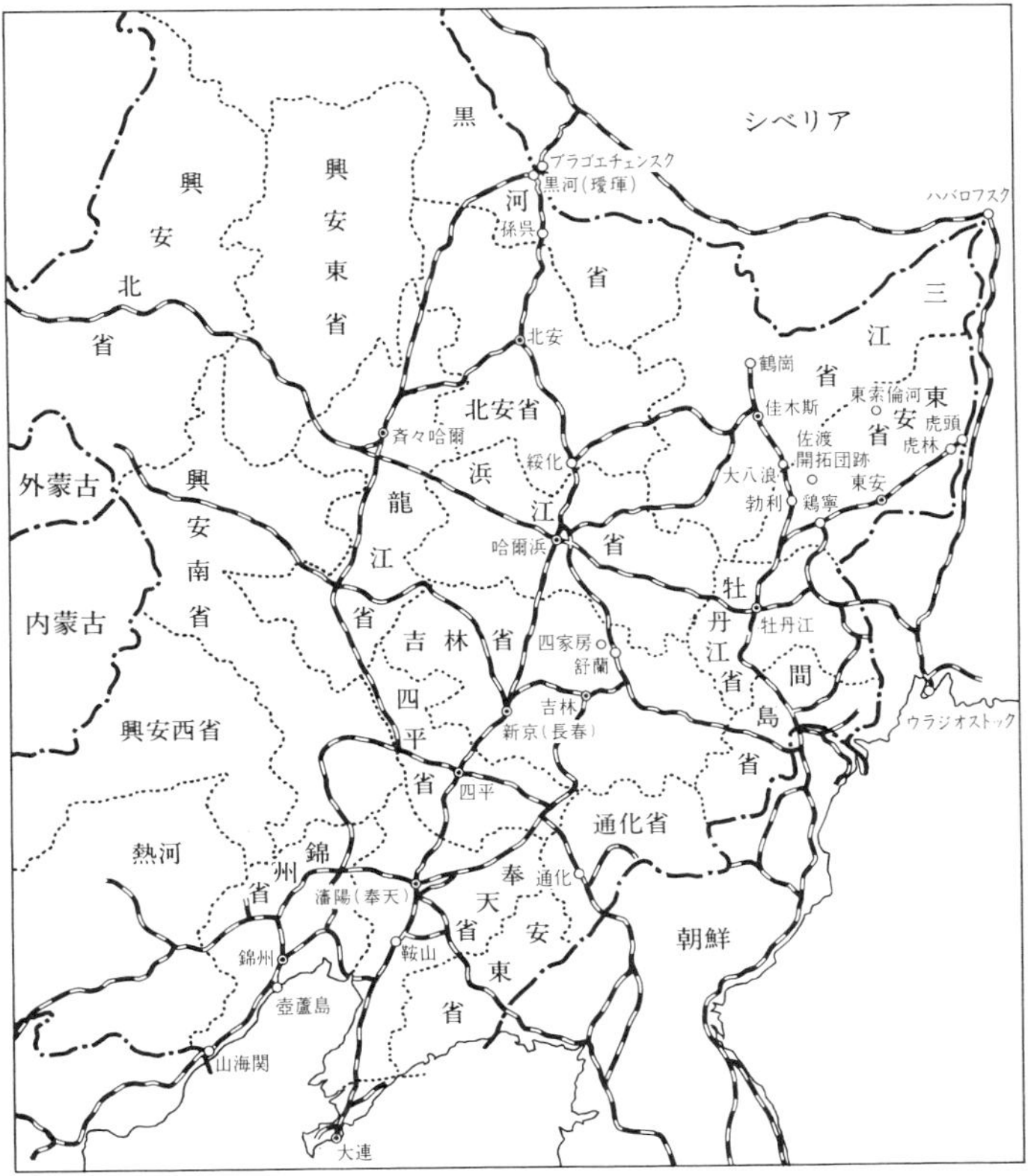
シベリア
ブラゴエチェンスク
黒河（璦琿）
ハバロフスク
黒
河
省
孫呉
興
安
北
省
興
安
東
省
北安
北安省
鶴崗
佳木斯
三
江
省
東索倫河
東
安
省
虎頭
虎林
佐渡
開拓団跡
大八浪
勃利
鶏寧
東安
斉々哈爾
綏化
浜
江
省
哈爾浜
龍
江
省
外蒙古
興
安
南
省
内蒙古
牡
丹
江
省
牡丹江
間
島
省
吉林省
四家房
舒蘭
吉林
新京（長春）
四
平
省
四平
興安西省
ウラジオストック
通化省
通化
熱河
錦
州
省
奉
天
省
瀋陽（奉天）
安
東
省
朝鮮
錦州
鞍山
壺蘆島
山海関
大連

長野県分村・分郷概略図

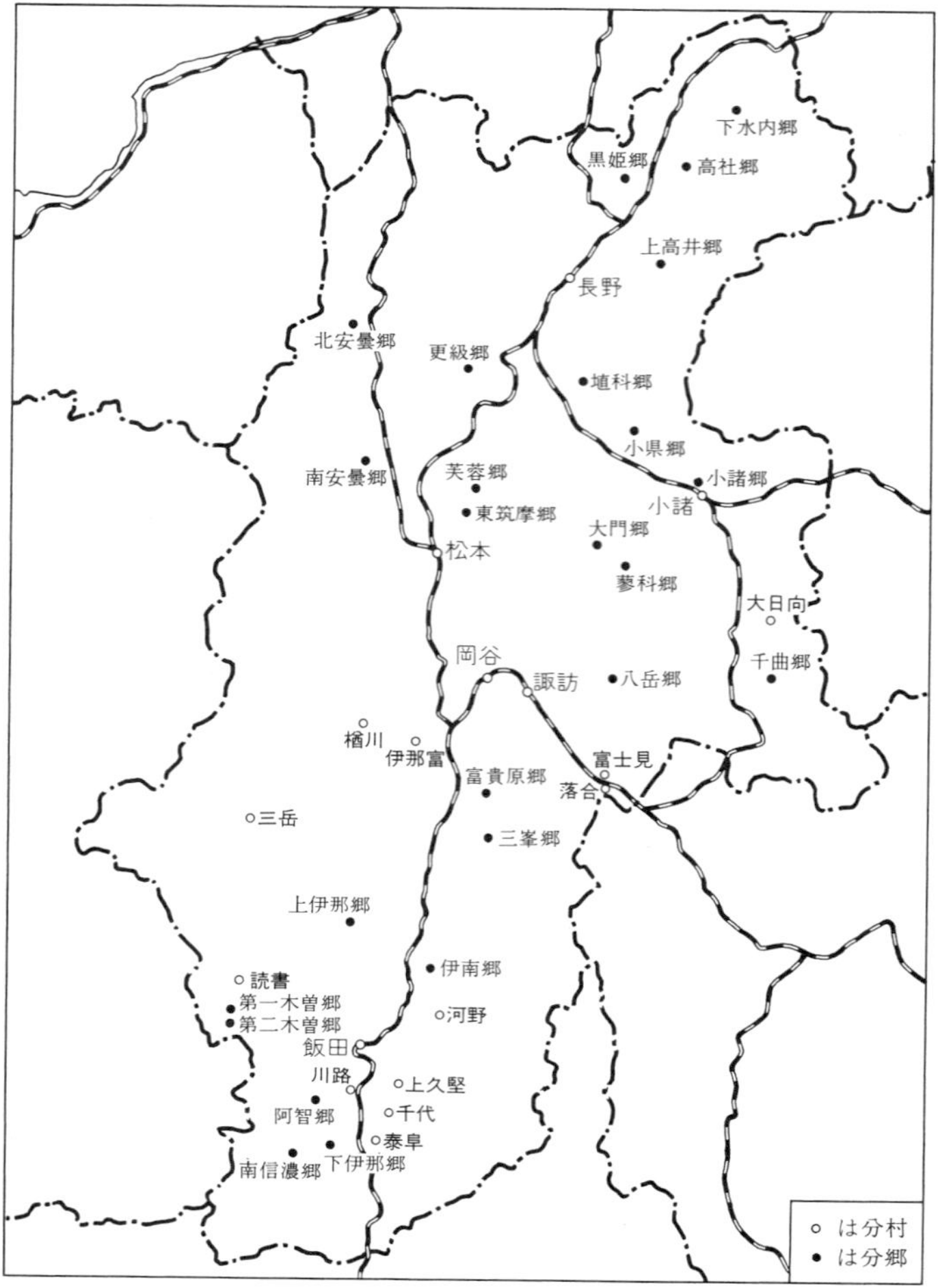
下水内郷
黒姫郷
高社郷
上高井郷
長野
北安曇郷
更級郷
埴科郷
小県郷
南安曇郷
芙蓉郷
小諸郷
東筑摩郷
小諸
大門郷
松本
蓼科郷
大日向
千曲郷
岡谷
諏訪
八岳郷
楢川
伊那富
富士見
富貴原郷
落合
三岳
三峯郷
上伊那郷
伊南郷
読書
第一木曽郷
第二木曽郷
河野
飯田
川路
上久堅
阿智郷
千代
泰阜
南信濃郷
下伊那郷
○は分村
●は分郷

第1章　蒼氓は今もなお……

Vサインで成田空港に到着した中国残留日本人孤児一行
(1985. 11. 30)(共同通信社提供)

一

わたしが、戦後はじめて中国を訪れたのは一九六五年、もう二十年前のことである。新聞記者、ディレクター、編集者など十人のパーティだったが、旅券の交付にはずいぶん手間どった。何度も外務省の窓口に出かけていったが埒があかなかった。のちに隣人がうち明けてくれたところによると、当時わたしたちが外務省に旅券の申請をしているころ、隣近所にわたしの身元を調べてまわった公安関係の人がいたという。わずか二十年前には、ジャーナリストとして中国を訪れるということが危険視され、自分の知らぬまに、身元まで調べあげられるというような、そういう時代であった。

北京までの道のりも遠かった。香港から国境深圳《しんせん》の長い橋を歩いて渡り、広州から北京までは汽車で五十八時間ほどかかったように記憶する。途中、軍需資材を満載した貨車と何度かすれちがったのは、南ヴェトナムの解放戦線への支援物資の輸送だったにちがいない。当時、南ヴェトナムの山野では、ヴェトナム解放戦線と米軍とのあいだで死闘がくりひろげられていたころだ。やがてまもなく、中国には文化大革命の混乱がおとずれる直前の、緊張をはらんだ束の間の平穏があった。

広州で乗った列車は、俗に「雀が焼鳥になって空から落ちてくる」といわれるほど暑い盛夏の中国大陸を斜めに横ぎって北京に向かったのだが、八月下旬の北京にも三十数度の暑さが居すわっていた。

当時の旅のメモを探しだしてひらいてみると、しばらく北京に滞在したあと、わたしたちが夜汽車で瀋陽《しんよう》に向かったのは、八月三十一日のことだ。一夜あけて降りたった瀋陽の町の冷気にわたしはおどろいた。山海関をへだてて、昨日の北京は酷暑にうだるほどだったというのに、ここはもう秋闌《たけな》わなのであった。温度の急変に体が追いつかず、わたしは瀋陽の駅で一瞬血がひいていくようなめまいをおぼえさえした。

旅のメモを繰ってみても、瀋陽での行動の記憶がはなはだぼんやりしたものになり果てているのは、風土の激変に体がついていけなかったからだろうか。次の都市鞍山《あんざん》にいたって、記憶はようやく鮮明さをよびもどす。

早朝、鞍山についたわたしたちはホテルで小憩ののち、鞍山製鉄所をくまなく案内され、午後には郊外の湯崗子砂泉というところに導かれた。清朝ゆかりの保養地で一時は張作霖の別荘だったという不思議な温泉であった。鞍山の滞在は一日だけだったので、スケジュールは過密気味であったが、わたしたちは行く先々で、歓迎の人波に迎えられた。戦後、鞍山を訪れた日本人は珍しかったのか、人出は異常なまでにふくらみ、夜にいたって最高潮に達した。

わたしたちは午後八時発の夜汽車で次の目的地へ向かう予定であったが、ホテルのまわりには群衆があふれ、駅へ向う大通りもまた同様であるらしく、車は町の裏道をぬうようにして走った。駅前広場にもすでに一万からの人が集まっているという知らせに、市当局が不測の事態を慮ってか、わたしたちは、駅正面の改札口を通ることなく、車ごと人波をかきわけ、わきからホームに乗り入れ、列車に横づけになってしまうといった始末であった。

せっかく集まってきてくれた見送りの群衆にひとことの挨拶をすることも、手を振ることもなく、列車に乗りこんでしまったことの後味の悪さもあって、列車がゆっくりと動きだすや、わたしたちは車窓をいっぱいにあけて、見送ってくれる人びとに手を振った。

線路に沿った道にも黒ぐろとした人だかりがつづき、「再見《ツァイチエン》、再見」と別れのことばがとびかうなか、列車は少しずつ速度をまし、ようやく人垣がまばらになってきたころ、突然わたしたちの車窓にむけて、闇のなかから、「オゲンキデ……サヨウナラ」という、澄んだ女性の声で日本語が投げかけられた。沿道の暗さと列車のスピードとで、声の主を確かめることはできなかったが、車窓から身をのりだすようにしていたわたしの目が、人垣のきれたそのはずれに、背に子を負ったような女性らしき人影をとらえていた。

〈列車を停めてくれ〉と心に叫んでも、それがかなえられるわけはなく、列車はスピードをいや増し、鞍山の町はたちまち後方の闇に消えていくばかりだった。

たったひとりの女性のひとことの日本語が訴えかけたメッセージを読みとれず、その声の背後に何千の残留婦人や、いわゆる残留孤児となった若ものたちが望郷の念を抱きながらうずくまっていたことに、そのとき気づかなかったことが、いまでもわたしに痛恨の情をよびさまさせる。二十年前に肉親探しが行われていたならば、まだまだ多くの手がかりが残されていただろうに、と思うからである。

じっさい、テレビや新聞で「中国残留日本人孤児」ということばを見聞きするたびに、わたしはこの呼び方になんともいえないもどかしさと異和感をおぼえる。「孤児」と呼ばれてテレビに映しだされる人びとは、みな四十歳をこえ、五十歳にもなろうというような男女ばかりだ。彼ら彼女らには、すでに結婚した子もおり、孫さえも生まれている人も珍しくはない。そのような人びとを「孤児」と名づける不自然さ。

「役所のなかでもいろいろ考えてみたのですが、よい知恵も浮かばぬまま、こう呼んでいるんですよ」

と、厚生省調査資料室の水本鉄二室長は、わたしがたずねるより先に、こう苦しげに弁解した。

あらためて考えてみれば、この呼び方は、ことばの厳密さをいちじるしく欠いている。そのまま読みくだせば、「中国に残り留まった日本人孤児」というわけだが、彼ら彼女らは、敗戦の混乱時、ほとんどが幼児であり、敗戦後の混乱のなかで産み落されたひとさえもいる。自らの意思で「残り留まった」ひとなどいるわけはなく、さまざまな事情で「置き去」られた人びとであった。「残留」ということばで、passive voice がかき消されてしまっているのである。「置き去られ」た個々の事情はそれぞれにちがうけれども、「置き去られ」た状況は日本の敗戦であった以上、置き去った主体は国家だったといってよい。「残留」ということばからは、主体の姿も消し去られているといえぬだろうか。

「孤児」ということばも、彼ら彼女らの今日の年齢にそぐわないというだけではなく、ことばの概念からして厳密さを欠く。孤児とは、「両親を失った子ども」という意味であって、成人者の呼称ではない。そしてまた、彼ら彼女らには、故国に両親あるいはそのいずれかが健在である可能性があるばかりでなく、中国には育ててくれた「養父母」が存在する。そのような人びとを「孤児」と呼ぶのは厳密さを欠くだけではなく、礼をも失することになりはしないか。

「孤児」ということばには、同情と憐憫とがこめられているのだが、それがかえってくせものとなる場合もある。同情と憐憫の情だけでは、その人のよって立つところを理解できぬ場面に遭遇することがあるからである。

一昨年、わたしは上海で、中国のある作家と、この問題について話しあう機会があった。たがいに筆談を用いねばならなかったから、はじめわたしは、「旧満州」とか「関東軍」とか「第二次大戦」とかいろいろなことばをならべて、「中国残留日本人孤児」の問題を相手にわからせようと試みたのだが、そのうち彼は、ああわかったという面持ちで、それはこういうことでしょうと、〈日系中国人〉と書いてみせた。そして、中国には五十数種の民族が存在すること、〈日系中国人〉もそのひとつとして位置づけられているのだと説明した。わたしはそのとき、一面だけを見ていたメダルの他の一面を示されたような、ある種の新鮮なおどろきをおぼえた。

〈日系中国人〉ということばには、何らの感情もふくまれてはいない。さばさばしているとさえいえる。じっさい、五十幾つもの民族が存在する国で、ひとつひとつの民族に感情をふくむ呼び名をつけることなど、どうしてできよう。たとえば、同情とか憐憫とかからは、対等、平等の関係は生まれてはこないことを、〈日系中国人〉ということばからわたしは汲みとったように思えた。

とはいえ、われわれがいま、ハワイやカリフォルニアに移住して米国籍を取得した人びとを「日系アメリカ人」と呼び、その子どもたちを「日系二世」「日系三世」と呼びならわしているようには、簡単に「日系中国人」とそのまま、旧満蒙に残された人びとを呼べぬ気持が働くのは、彼ら彼女らが自らの意思でそこにとどまったのでも、生い育ったのでもない歴史があるからに他ならない。

そしてまた、「中国残留日本人孤児」という不自然な呼び名が彼ら彼女らに与えられている背後には、彼ら彼女らを今日まで放置してきた日本人の無関心と政府の無責任が在ったことを示すものに他ならない。とすれば、「中国残留日本人孤児」ということばそのものが、戦後の四十年の歴史をきびしくつき刺してくるものとなっていると理解した方がよくはないか。

彼ら彼女らが背負ってきたその歴史をこそ、感情を抜いて冷静に読みなおしてみるところから始めてみる必要を、わたしはいま感じている。

「中国残留日本人孤児」といわれる人びとが、正確にどのくらいの人数にのぼるものなのかは、どこに聞いてもよくわからない。敗戦の混乱が四十年後の今日まで、そのまま尾を引いてしまっているからだろう。現在もなお、中国に残留している「孤児」の数は、中国側の発表では二千、厚生省の推定では三千人をこえるともいわれており、はなはだ漠然としている。

それはいましばらく措くとして、一九八四年十二月現在で、肉親探しの調査依頼が厚生省にあった数は一五九六人、そのうちすでに身元の判明している人の数は七八三名で、差引き八一三名の人が身元調査の対象になっているが、すでに一五二名は同年末までに一時帰国を果しているので、さらに差引き六六一名が一九八五年、八六年の二年間で肉親探しに訪日するなり、日本政府の調査員が現地に向かうなりして調査がすすめられる手筈になっている。

	人員	身元判明	
第1次 (81.3)	47名	29名	61.7%
第2次 (82.2〜3)	60	45	75
第3次 (83.2〜3)	45	24	53.3
第4次 (83.12)	60	40	66.6
第5次 (84.2〜3)	50	26	52
第6次 (84.12)	90	39	43.3
第7次 (85.2)	90	36	40
計	442	239	

永住帰国者 38 名(1984.11 現在)

厚生省を窓口とする国費による来日調査は、一九八一年三月から始まって、八五年二月までに第七次に達しているが、その間の数字は別表の通りだ。

この表からもわかるように、第一次から五次までの身元調査では平均六割をこえる比較的高い身元判明率だったものが、第六次には五割をわり、一九八五年春の第七次の来日調査の結果はぎりぎり四割で、関係者たちの焦りをさそった。

厚生省を通じて調査が行われ、国費で帰国する「孤児」の数は正確に把握されているのだが、親戚やボランティアを通じて私費で帰国してきた「残留孤児」と「残留婦人」の数はどのくらいいるのかは、どこにたずねてもその実数はつかめない。まして、配偶者や子どもたちの数をふくむと、いったいどれほどになるのか。

ちなみに、ある報道機関が非公式に集計した数字が手もとにあるが、それによれば、国交回復後、十三年のあいだに帰国した「残留孤児」は三五六名、そのほか「残留婦人」をふくむと二五三五世帯、人員の合計は八九六八名という数にふくらんでおり、府県別にみても、ほぼ全国におよんでいることがわかるのだが、帰国者のなかのかなりの数の人びとが「満州開拓団」の子女であったことと相まって、かつて全国各地から大陸に送りだされていった開拓団の地図に、それは重なってくることに注意しなければならない。

二

一九四五年敗戦当時の旧満州に在住した日本人は、満鉄関係者などをふくめて約一五五万人、そのうち開拓団関係者は約二七万人と称されているが、「残留孤児」「残留婦人」のうち圧倒的な数が元開拓団関係の子女であることからも、「満州開拓団」の人びとのおかれていた立場が浮かびあがってくるといえないだろうか。

「満州開拓」移民送出の状況を、『満州開拓史』(開拓自興会)によってみると、一般開拓団二四万二三〇〇、義勇隊二万二八〇〇、その他四九〇〇で全国の合計二七万人となっているが、なかでもわたしの郷里長野県は全国一の送出県となった。その内訳をみてみると、一般開拓団二万六三三二名、義勇隊六九四二名、勤労奉仕隊その他四六七名で、その合計は三万三七四一名となり、第二位の山形県を上まわること二・四倍となった結果、「昭和十八(一九四三)年四月十八日には、全国地方長官会議の席上、天皇より特に長野県知事郡山義夫に対し、満州開拓に関する御下問があり、これに奉答した同知事は、感激して直ちに現地に慰問団を派遣し、聖旨の伝達をし」(『長野県満州開拓史』長野県開拓自興会)たことになっているほどだ。

二七万名のうち三万三七四一名といえば、一県だけで全体の一二・五パーセントを占めることになる。耕地の少い山国のしからしむるところであったとはいえ、異常な送出状況だったといわなければならない。一九四五年夏の敗戦の結果はどうだったかといえば、無事帰国できたものは一万七六九八名、死者一万四九三九名、行方不明二二〇名、残留者八八四名(一九八三年現在)という数字が、その悲劇的結末を語っている。長野県一県だけで一九八三年現在、八八四名もの残留者がいるという現実、この数字をかりに「満州開拓民」総数二七万人の一二・五パーセントという比率におきかえて統計的にみると、一九八三年現在で、全国の開拓団関係の子女約七千人が中国に残留していると推計されることになる。「蒼氓は今もなお……」といわずにはいられない数字というべきではないか。

わたしが、いまここに並べた数字は、五年の歳月を費やして完成された『長野県満州開拓史』によっている。B5判全三巻、ページ数にして二八〇〇ページをこえるものだが、なかでも第三巻は「名簿篇」にあてられ、名簿篇だけでも一〇七五ページにおよぶ浩瀚なもので、そこには、長野県が「満州事変」のさなか一九三二年以来一九四五年の春まで、大陸に送りつづけた三万三七四一名の人びとの名が網羅されている。その後書によれば、県の依嘱によって、開拓団の生存者を中心とする長野県開拓自興会が八年余の歳月を費やして作成したものだと記されている。

総計一〇八にのぼる開拓団ごとに団員とその家族名が記され、氏名、性別、続柄、生年月日、年齢、本籍、出発年月日、出征、生死の別、最終消息、現地最後の場所、生死の事由という各項目があって、一部の空欄はあるものの、項目のほとんどが塡《う》められている。よくぞ、これだけくわしく名簿ができあがったものと、心うたれずにはいられないが、それは読むべき書物ではなく、きわめて無機的な印刷物と一見映ずる。一ページから一〇七五ページまで、延々と人名が連ねられているだけだからである。

だが、そのひとつひとつの開拓団の成り立ちから、その開拓団のたどっていった歴史を頭におきながらページを繰っていくと、そこにはこの世の生地獄ともいうべき凄惨な絵巻が浮きあがってくるのである。いまかりに、任意の一ページをあけてみよう。そしてそのなかの一家族(本籍・下伊那郡平岡村)の名簿に目をやってみよう。

氏名	続柄	年齢	生死の別	最終消息／現地最後の場所	生死の事由
熊谷　功	本人	43	死亡	20・11・7／三江省樺川県	病死
コチヨ	妻	40	〃	21・3／三江省方正県	栄養失調
ミキ	長女	20	〃	20・10・7／三江省	自決
みと	次女	14	未帰還	50・10一時帰国／黒竜江省方正県	残留
みな	三女	11	死亡	37・12・20／？	死亡宣告
みち	四女	9	〃	？　？	？
みに	五女	7	〃	？　？	？

ここに登場してもらった熊谷さん一家は長野県下伊那郡平岡村から隣りの泰阜《やすおか》村や飯田市の人びととともに「第八次大八浪《ターパーラン》泰阜村開拓団」に入植していったことがわかる。主人の功さんは明治三十四年の生まれだから、敗戦時四十四歳ということになる。幸か不幸か敗戦直前の〝根こそぎ動員〟はまぬがれる年齢で、ソ連参戦後の混乱のなか、家族とともに避難を開始することができたはずなのだが、八月十日未明、軍緊急電話の連絡で十八歳

から四十五歳までの男子全員は、「ただちに四、五日分の食糧を携行して、牡丹江兵事部に出頭せよ」という命令を受けていた。もはやこの段階で家族とは別れ別れになっていたろうと思われる。功さんの現地最後の場所が妻コチョさんと異なるゆえんだ。コチョさんは逃避行によく耐え、一九四六年の厳冬をからくも乗りこえながら、しかし春を待つことなく、栄養失調で亡くなったことがわかる。

長女ミキさんの自決はソ連兵の凌辱からであったろうか。逃避行のさなかのことと、その死亡日時から推測される。次女みとさんは当時十五歳、五人姉妹のなかでひとりよく生き残った。この名簿からは彼女のその後の半生はわからないが、国交回復を待ちきれなかったかのように一時帰国をした。しかし自らの天涯孤独を知ってか、中国にもどり未だ残留していることがわかる。三女みなさんの死亡宣告はどのようになされたのか、この表からは分らない。まして、四女みちさん、五女みにさんは死亡となっているけれども、この表からは二人の生死はたしかめられない。

熊谷功さんという任意の一家族を、この名簿からひろうだけで、四十年前の惨劇が浮かんでくる。

また任意のページをくって、宮本賢平さんの一家（本籍・埴科郡松代町）に登場してもらおう。

氏名	続柄	年齢	生死の別	最終消息／現地最後の場所	生死の事由
宮本賢平	本人	38	帰還	21・8・25／新京市	復員
いと	妻	34	死亡	20・8・27／勃利県佐渡開拓団跡	殺傷
安子	長女	11	死亡	〃　〃	〃
武	長男	9	死亡	〃　〃	〃
秀夫	二男	5	未帰還	56・6・1／七台河市紅旗人民公社	残留
実	三男	1	帰還	56・3・20／勃利県勃利鎮公社	引揚げ
丑太郎	父	70	死亡	20・3・13／埴科郷開拓団	老衰

わたしは以前、江戸時代の城下町松代の歴史を調べたことがあって、かつて藩医に宮本さんという家があったのを思いだす。あるいは宮本賢平さん一家は藩医の血をひく家柄でもあったろうか。

埴科郡の町村全域から送られた「第十次東索倫河《ひがしソロンホ》埴科郷《はにしなごう》開拓団」の一員として宮本賢平さんが渡満したのは一九四〇年(昭和一五)の十二月二十二日だったことがこの名簿からわかる。十二月二十二日に出発しているのは、先遣隊のメンバーだったのにちがいない。

東索倫河という地名を中国の地図で探してみると、旧満州の東の端、ソ連国境から七、八十キロのところに位置している。東南に走る完達山《ワンタシヤン》嶺にでも登れば、国境の町、虎林《チユリン》街の向うにソ連領イマンの町が見てとれるであろうような最涯の地だ。鉦と太鼓で送りだされていった宮本賢平さんは、厳寒の荒野でどのような冬をすごしたものか。

翌年の十二月十日といえば、パールハーバーから二日目の日、宮本さんの家族は日本海を渡っていったことが、この名簿からわかる。八歳の長女をかしらに五歳の長男と生まれたばかりの次男が妻いとさんの背には負われていた。そしてまだ三男は生まれてはいない。

あろうことか、一九四四年六月八日に妻いとさんの老父丑太郎さんがはるばる松代から開拓団に加わっているが、同じ日に松代の柏木国雄さん一家があげて渡満し新たに入植したことからみると、宮本家の老父丑太郎さんはこの一家に伴われて海を渡ったものと推察がつく。太平洋ではサイパンが玉砕し、ヨーロッパではドイツ軍がオデッサから総退却を始め、イタリアではムッソリーニに代ってバドリオ政権が誕生していたそのときにである。

しかし、東索倫河の宮本家では、はるばる信州松代から祖父がやってくることになっただけではなく、その三日後には三男が誕生して実と命名されていた。ようやく、開拓は緒につき、無気味なほど、宮本家は平安でさえあったといってよい。だが、平安は束の間のものであった。

七十歳の老齢に、東満の冬はきびしすぎたのであろう、丑太郎さんは次の年の春も見ずに、老衰で亡くなっている。それは、宮本家の平安を乱す前兆でもあったかのように、一九四五年六月二十日、一家の主柱賢平さんに現地召集の赤紙がきた。妻いとさんのもとには十一歳になる長女をかしらに、九歳の長男と五歳の次男、それにようやく一歳の誕生日を一週間前に祝ったばかりの三男が残されたのである。ジャガイモやとうもろこしの畑にはすさまじい勢いで雑草が生いしげろうとするその六月に、三十四歳の妻には乳呑子をふくめて四人のいたいけな子どもたちが残されたのである。どうやって十町歩の畑を作れというのか。

ちなみに、東索倫河埴科郷九一戸のうち、前年からこの年にかけて、現地召集の赤紙が舞いこんだ家は五三戸におよんでいる。すでにその段階で、埴科郷開拓団はその基礎を大きく揺るがされていたといえるだろう。赤紙が来たゆえに、シベリアでの抑留に耐えた夫たちは二年、三年後に故国の土を踏むことができるものもいた。宮本賢平さんもその一人だが、妻いとさんは、八月二十七日佐渡開拓団跡の惨劇のなかで「殺傷」によって亡くなっている。長女安子さん、長男武君も同じ運命をたどったことが、名簿から読みとれる。

だが、五歳の秀夫君と満一歳になったばかりの実君は、奇跡的に命をとりとめ、秀夫君はその後養父母に救われて七台河市紅旗人民公社に生存していることが、一九八一年六月一日に確認された。三男実君も勃利県勃利鎮公社で健在、と同じ年の三月二十日に判明したことが、この名簿からわかる。

痛ましい家族の歴史が、たった数行の名簿には塗りこめられていたのである。

三

わたしは一九八五年の早春、東京江東区の塩浜にある「塩崎荘」と「新幸荘」という二つの施設をたずねていった。

地下鉄東西線の「木場駅」から南の方に十分ほど歩いたそのあたりは、塩浜二丁目の工場地帯でトラックが轟音をあげてひきもきらず走りぬけていくが、以前このあたりは木場に隣りあった塩崎町という草茫々の埋立地であった。そのころ、この町の空地に珍しい植物が発見されて話題になったことがあるが、ルーツをたどれば、遠く太平洋の彼方から木場に送られてくる材木に付着していた種子が根づいて帰化したものとわかり、町名をとって「塩崎草」と名づけられた、そんなことが思いだされてくる。

工場街に変りはてて、雑草の生える余地もなくなり、名も塩浜と改められたこの町に、いまもなお敗戦後そのままに「塩崎荘」という海外引揚者用の施設がのこされており、その周囲には、毛を茶色く染めたような若ものがオートバイをつらねてたむろしていることがあるが、そのなかには中国引揚者の二世もまじっているらしいですよ、とある中学の先生が眉をひそめるように話してくれたのが、なぜかずっと気にかかってもいたのだった。

塩崎荘はさすがに敗戦後そのままのバラックなどではなく、鉄筋高層のアパート風の建物となっており、管理棟の入口には、「特別区人事厚生事務組合」といういかめしい看板が掲げられているが、きけば、東京二十三区が分担金を出しあって建てられているこの施設は、いわば東京の第二十四番目の区とでもいうべき性質のもので、生活保護法により都内各区の公営住宅の斡旋を待つ人びとが、一時滞留するために宿泊する場所と規定づけられている。

ここに、いま、中国から引揚げてきた「残留孤児」家族が多数滞留することになっており、学校進学もできず、さりとて就職も思うにまかせぬような子弟が、危うい姿でたむろしているというのだろうか。

すでに見たように、「残留孤児」の多くは全国各地から送りだされた開拓団の子弟であるから、肉親・親族は全国各地に散在しており、中国から引揚げてきた「残留孤児」たちは、いったんは、親族をたよって全国各地に定住を目ざして散っていく。

そのとき、彼らの行く手にたちはだかる障害は、日本語というカベだ。

日常の挨拶程度の日本語をおぼえ、そのまま青森や岩手や長野や鹿児島へと散っていく彼らに、東北弁や鹿児島弁は、またもうひとつの外国語ほどのひびきをもってきこえるにちがいない。

最初のうちはそれでもよい、周囲の同情がことばの不自由をカバーしてくれる。だが、そこに定住しようとすれば、たちまちことばのカベが意思の疎通をさまたげるものとして立ちはだかる。生まれ育った環境は、一方ははてしない地平線にかこまれた平原のただ中であるが、他方は山また山に囲まれた山村である場合が多い。山村ゆえに多くの人びとが開拓団となって渡満したからである。

生活や習慣の差が、ことばの不通に拍車をかけるように、感情の齟齬はますます拡大していくばかりだ。じっさい、日本語を修得するためには、全国各地に散在する父母の地では不可能だと帰国者たちは気づく。国はむろんのこと、自治体のとりくみもまた、きわめておくれているからである。彼らが東京へとUターンしてくるケースがふえているのは当然なことだし、たよっていける先は、江東の塩崎荘、新幸荘をおいて他にない。

荒川区には日本語学級を設けた夜間中学があって、昼間仕事をしながら日本語が学べる。江戸川区には葛西小、中学に日本語学級が特設されていて子どもたちの勉学に都合がよい。江東区ではこの塩崎荘と新幸荘に日本語講座が設けられていて、居住者の便がはかられている。というように、東京に舞いもどってきた帰国者たちとその家族が、荒川、江戸川、江東の三区におのずと集まってきてしまうのには、切実な背景があってのことなのだ。

新幸荘でまずわたしが会って話をきくことのできた人は、八四年五月、家族とともに帰国してきた平田慶子さん(50)であった。

山口県生まれの彼女が両親とともに山口県開拓団の一員として渡満したのは五歳のころ。敗戦のとき小学校三年であった彼女は、以来、日本語のない世界におき去られたから、それまでの日本語はすべて忘れてしまったという。彼女が置き去られた当時、そこには、女の子を学校に通わせる習慣はなかったから、中国語を話すことはできるが、書くことは自由でない。そこで、同じ寮内にいる上海からの引揚げの天城賢一さん(40)が通訳をかってでてくれた。

平田慶子さん一家の入植地は佳木斯《ジャムス》の近くだった。敗戦の混乱のなかで両親と次兄は亡くなったらしいが、彼女ははぐれたものと思って泣きながら家族を探していたのをおぼえている。

四十年前の日本語時代の記憶を、彼女は中国語で懸命にまさぐる。泣いて両親を探しているのを、開拓団の仲間が見かねて、彼女を連れて山中へかくれた。昼間は危いので暗くなってから近くの畠にいって南瓜や西瓜を盗んできては飢えをしのいだ。山にかくれていたのは一週間ぐらいだったろうか。暑い夏のさなかだというのに、寒かったことだけが記憶の底にある。

現地民に発見され、佳木斯の収容所に入れられ、二カ月ほど過ごすあいだに、子どもが欲しいという中国人にもらわれていったが、そこには幼い子どもが三人もいて、その母親は病気がちだったので、その日から子守りをさせられ、炊事、洗濯なんでもやらされた。重い石臼で穀物を挽く仕事がいちばん苦しかった。

平田慶子さんの回想をきいていると、十歳の彼女は女中さん代りに買われていったのにちがいない。ある日、長い針を持っているのを旦那に見とがめられて、気絶するほど殴られた。その長い針で奥さんを殺そうとしていたのではないかという誤解、その誤解に耐えかねて、彼女はついにその家を逃げだす決意をした。近くに、現地人妻となったフジヤマさんという婦人がいたのをたよって、匿まってもらった。現在の養父母にもらわれたのは、そのフジヤマさんを介してだった。前の養父が熱心に探し回っているというので、五カ月ほど安全なところへ避難しているあいだに、前の養父と新しい養父とのあいだで〝話がついた〟ときいた。金銭上の解決がついて、ここでも、彼女はふたたび金で転売されたものと思われる。

とはいえ、新しい養父母は男の子が一人あったけれども、彼女を実の子のように親身に養ってくれたという。そのことに彼女は、いまでも深い感謝の念を忘れてはいない。一昨年、養父が亡くなって、初めて彼女は日本に帰ろうと決意した。夫の揚顕元さん(52)とのあいだに四人の子どもがあり、結婚した長男にはすでに孫もあるというのに、一家をあげて日本にやってきた。

養母さんはいまどうしているのか、と問えば、じつの兄妹のようにして育った養兄と一緒にいるが、その養兄も平田さんと同じような日本人女性と結婚しており、養母もろとも、養兄の家族たちも近く日本に永住するためにやってくるのだという。平田一族の民族大移動の観さえある。わたしの表情に一抹の不安のかげをみてとったものか、ことばさえできるようになれば、だいじょうぶ生活はやっていけます、と彼女は自らをはげますように言う。にもかかわらず、わたしのなかの一抹の不安はぬぐいきれないのだ。平田一族をとりかこむ社会的な条件はあまりにきびしすぎるからだ。かつて、彼女の父や母がやみくもに移民にかりたてられていったように、こんどは逆に、彼女とその一族が逆の移民にかりたてられて日本にやってきているといえぬだろうか。

平田慶子さんの長男一家は、この新幸荘の狭い一室には入りきれず、目と鼻の先の塩崎荘へと〝分家〟していっているという。わたしがその足で塩崎荘をおとずれたとき、あいにく、平田家〝新宅〟のひとびとは外出して留守であった。

途方にくれたわたしを見かねて、塩崎荘の宿提係長の小川一幸さんが、

「長野県出身の一家がおられますよ。お会いになってみますか」

と言ってくれた。

四

控室で待つほどに、髪の白くなりかけた小柄な人物が、中学生の長男をともなって現われたとき、わたしは正直のところ、この人の年齢を測りかねた。色は浅黒く、凜々しい目鼻だちの顔に疲労が色こく浮いており、見ようによっては五十の半ばをすぎているかと思われもしたが、きけば、まだ四十一歳の働き盛りなのである。

中学生の長男は流暢な日本語で宮本厚《あつし》と名のり、父は日本語が不自由ですから、自分が通訳をしますと、礼儀正しく言った。見るからに聡明そうな、惚れぼれとするほどにしっかりとしたその少年の口から、父の名は宮本実と申しますと告げられたとき、わたしは体中の血が熱くなるような衝撃をおぼえていた。

『長野県満州開拓史』名簿篇の任意のページ「第十次東索倫河埴科郷開拓団」の団員名簿のなかから、わたしがメモしておいた宮本賢平さん一家の末尾に並んでいた三男宮本実さんその人が、いまわたしの目の前に立っていたからである。

もう一度、宮本家の名簿に目をやると、母方の祖父丑太郎さんが七十歳近い老体をひっさげて娘婿のもとに海を渡ったのは、すでにサイパンが陥落したころのことであり、祖父丑太郎さんが着いたその数日後、東索倫河埴科郷の宮本家に三人目の男子実さんが生まれたのはすでに見たところだ。敗戦の日、父賢平さんは〝根こそぎ動員〟ですでに軍隊にとられて家になく、敗戦の混乱のなか、幼な子四人をかかえた妻いとさんは、「佐渡開拓団跡の惨劇」のなかで死んでいった。長女安子さん、長男武さんもそこで生命を断たれたと推定される。

折重なる開拓団老幼子女の死骸のあいだで、末っ子の実さんは火のついたように泣いていたのにちがいない。むろん、一歳二カ月の彼に惨劇の記憶も家族の想い出ものこっているはずもなく、物心つくころ、彼は養父徐維本さん一家に育てられており、七歳のころから彼は牧童として働いていたが、すでにそのころ、周囲から「お前は日本人だ」ときかされていたという。生まれながらにして、中国人社会に育ったも同様なこの少年が、ある日自分は日本人だと知らされたときの悲しみを、余人は到底想像することはできない。

牧童としての牛の草刈りは、七歳の少年にはいかにつらかったことか。養父徐さんの家は決して豊かではなく、主食はとうもろこしと高粱と粟の毎日であった。それでも、貧しいなかで、養父は実さんを小学校に通わせてくれた。

敗戦直後の混乱のなかで、旧満州では現地の中国人のあいだに、日本人の子どもをもらい受けようという空気は強かったと、当時の事情を知る誰もが言う。生産性の低い農村地帯にあって将来の労働力として、日本人の子どもたちが求められたという面も否定はできないが、日本人は一般に賢く勤勉だという見方があって、多くの孤児たちが中国人の家庭にもらわれていって大切に育てられたのだと説明する人もいる。

そんなことをきくにつけ、わたしはときに、中国人と日本人の立場を逆転した相においてみて、もしかりに、一九四五年夏の旧満州のような状況に遭遇した場合、はたして日本人が孤児となった中国の子どもたちを自宅に引きとって育て、貧しいなか学校にあげてやることができるだろうかと想像してみることがある。あくまでそれは仮定の問題であるのだけれども、それだけの芸当が日本人にやってのけることができるかどうか、自問してみれば、わたしは自分をふくめて、われらが国民性の狭さに、懐疑的たらざるをえないことが多い。わけても、多くの家族を連れて引き揚げてくる「残留孤児」たちの受けいれの態様をめぐって、しばしばそのことを考えさせられるのだが、それはまたのちにくわしく触れなければならないだろう。

ともあれ、宮本実さんは、貧しいなか、養父母によって小学校六年間を通わせてもらえたのである。学校から帰って夕方暗くなるまで働かねばならないのはつらかったが、学校で喧嘩したとき「小日本《シャオリーベン》」「日本に帰れ……」と罵られるのは余計つらかった。子どもの世界には往々にしてあることだが、そのことが、幼い心にまだ見ぬ祖国への望郷の念を強めさせたことは事実だろう。

なにくそと、勉強をゆるがせにしなかった結果は、小学校を卒えたあと、勃利《ボーリー》の町の三年制の師範学校に進む道がひらかれた。十七歳で教壇に立ち、二十二歳で彼はすでに校長になっていたという。教師、とりわけ校長ともなれば、中国では国の幹部とみなされる。エリートとして、文化大革命のときには、批判の対象とされた。宮本実さんの場合、とくに外人＝日本人ということで、よりきびしい批判にさらされたとしても不思議はない。彼は多くを語ろうとはしないが、どうしても日本に帰りたいという幼いころからの望郷の気持を、帰国への決意にまで変えていったのは、文革体験があずかって大きかったと推測される。

日中国交回復と前後して、四歳年上の実兄秀夫さんが、勃利からそう遠くない七台河《チーツアイホー》市の人民公社に健在であることがわかり、別れて三十一年目の対面を果した。むろん、一歳二カ月のときに別れた兄のおもかげが、実さんの記憶にあるはずもなかったのだが。再会した二人にとって、切実なのは、家族のうちはたして誰が生きて祖国に帰ったのかということであったろう。

宮本秀夫、実の二兄弟が、異国の地で再会を果していたころ、その両親の郷里信州埴科郡では、数少ない帰還者の手によって、「東索倫河埴科郷開拓団の記録」が編集されつつあった。一九四五年の夏に異郷に散った二百余名の仲間たちの三十三回忌にむけて編まれたその記録のなかに、宮本兄弟の父宮本賢平さんの姿が描きだされている。

彼は情熱家で、美しく優しい奥さんと熱烈な恋をした仲、人も羨むおしどり夫婦で、三人の可愛いい子供を連れての入植だった。小柄な痩せた身体とくるくるした大きい目が特徴だった。畑違いの農業にとり組んで彼は真剣そのもの、頭も良く、普段無駄口は叩かなかったし、どちらかと言うと誰が何しようが自分のやることはきちんとやるといった人で、無口な方でもあった。その反面鋭い程の理論家で正義感が強く、根は気性の激しい方で気短な所があった。やる事にそつがなかったし、人望もあって部落長もしていた。

この父親の肖像は、異郷にあって徐維本さんという中国人夫婦に育てられたとはいえ、わたしの眼前に現われた宮本実さんその人におきかえてもよいほどに、よく似ている。さらに記録を追ってみよう。

終戦直前に召集された彼は、終戦後は、軍隊を逃げ出して放浪の旅を続け、原住民に襲われて叩きのめされ、半死半生の酷い目に遭って着物も剝ぎとられ、真裸で抛り出されてしまったが、麻袋を拾って身体を包み、新京へ逃げこんで助かった一人。

「軍隊を逃げ出して放浪の旅を続け」とあるのは、東索倫河の開拓地に残してきた家族を探すための旅だったのではなかろうか。だが、すでに、それより早く埴科郷開拓団は全滅に近い悲劇をとげてしまっていたあとだったのだ。

数少ない生き残りのひとりとして、宮本賢平さんは敗戦の翌年一九四六年の夏には故国の土を踏んでいるが、郷里に彼を待っていたのは、一家全滅の知らせであった。もともと宮本家に養子として迎えられた賢平さんにとって、妻子が帰らぬ人となった以上、いるべき場所はなくなっていたも同然だったろう。

実家の西山の奥(小川村)へ引っ込んでいて、そこから隣村(鬼無里村)の親戚へ、同病相哀れむ仲として迎えられて移籍していた。奥さんは小学校の同級生で、才もあり思いやりのある人、お互い理解し合っての再出発だった。

と、宮本賢平小伝は伝えているが、長野市の西に位置して信州の秘境とよばれる鬼無里村に引っこんだ宮本賢平さんの再出発の戦後史には、つねに挫折した開拓体験と家族喪失の暗いかげが淋しくつきまとっていたのであったろう。次男秀夫、三男実が、異郷で中国人に育てられたことを知ることなく、宮本賢平さんは、実さんの帰国を待つこともなく、世を去っていった。

宮本実さんが長男厚君とともに、一九七八年に念願の里帰りを果したときには、すでに父親の賢平さんはこの世にはなかった。そのときの模様がまた、宮本賢平小伝につづいてつぎのように語られている。語り手は、埴科郷建設の先遣隊長として、宮本賢平さんらとともに渡満し、応召によって死をまぬがれた斉間新三さんである。

宮本さんの末っ子の、実君は、私が応召してずっと後で生まれていたが、朝子ちゃん(上沢朝子さん・七八年五月永住帰国)と病院で話しているうちに、私のアルバムの中から見つけ出して、彼女が手引きをしてくれ、その年の暮には里帰りになった。お父さんの出どこの西山で厄介してもらったが、とてもよく面倒をみてもらって幸せだった。帰国して間もなく正月の三日に私を訪ねて来た。長男一人連れて来ていて、この七歳の子は日本語で挨拶をした。が彼は一言も日本語が分らず、私と筆談で話しをした。帰る時、門口へ送って出たら夕闇迫る車のかげで、私に抱きついて「お父さん」と言って泣きじゃくっていた。朝ちゃんが教えておいたらしい。半年足らずの間に何回も手紙もくれたし、幾晩も泊ったり私も泊りで厄介になったりした。一緒に旅もしたし、彼の伯母さんや義母さんの家も訪ねて泊めてもらった。中国では学校長という若い彼も、最後まで日本語は話せなかったが、「お父さん」という言葉はすっかり板について、帰国の車中と東京の宿で泣き濡れはしたが、それも亡父について話し合ったからで、ほとんど眠らずの一夜の後半は、私に甘えて預けものもし、頼み事もして、すっかり「お父さん」は、気持の上で不自然さが感じられない程だった。

往年の同僚宮本賢平さんに代って、その末息子の実さんから「お父さん」と抱きつかれて泣かれた斉間新三さん自身、妻子すべてを旧満州の地に失った体験者のひとりだ。

宮本実さんが、長男を伴っての半年間の里帰りののち、一家をあげての永住帰国を決意し、一九八一年三月にそれが実現した背後には、斉間新三さんの献身的な努力があったからにほかなるまい。いまでも、宮本実さん一家が、斉間新三さんを「お父さん」と呼んで慕い親しんでいることからもそれは察せられるが、その斉間新三さんは、次のように語りついでいる。

慕い寄る里帰りの子供達に、病を押しながら精一杯愛情を振舞い、親身になって相談相手になっているうちに、今は私達皆んなの子供達なんだ、もし流す涙があるとすれば、亡き同志に代って、未来ある若者にこそ精一杯の声援を送ってやらなければならないと考え、気をとり直して長い心の迷いを振り切ることができた。中国から里帰りした子供達のおかげで、私は立直ったのである。

第十次東索倫河埴科郷開拓団の記録『果しなく黄色い花咲く丘が』の末尾にこう書いたとき、斉間新三さん自身にはまだ、次のドラマは起こってはいなかった。斉間さん自身のドラマが起こるのには、まだしばらくのときが必要だ。

宮本実さんとその妻子よし子さん(中国籍)、長男厚君、次男永二君、長女艶子さん、三男永三君の一家六人は父の親戚をたよって、信州小川村に帰ってきた。そこは長野市から西へ二十キロ余、戸隠連山に深く抱かれたような過疎の山村だ。村の小学校では先生が一人つきっきりで親切に四人の子どもたちに日本語を教えてくれたから、子どもたちのことばの障壁はたちまちとりはらわれていった。

それにひきかえ、両親の日本語修得は遅々として進まず、山村ゆえに仕事といえば、山の道普請しかなかった。いつまでも生活保護を受けて過疎の村に迷惑をかけてはいられない。長野市までくだれば、仕事も夜の日本語学級もあるだろうと、郊外の県営住宅に移り住んだのは一年後のことだ。

道路工事三カ月、バスの車体掃除十カ月、凍豆腐工場十一ヵ月、これが長野市に移り住んでからの宮本実さんの職業の遍歴である。一日中働いて月十五万円、しかも期待していた日本語学級の場所は遠く、重労働のあとの夜の通学はたちまち体にひびいてくる。気持の焦りと心身の疲労で、宮本実さんの頭は急に白さをましていったのに相違ない。八五年の五月、宮本さん一家は、ふたたび東京江東区の塩崎荘に舞いもどってきた。東京にさえ来れば、日本語修得の機会はます。ことばの障壁をこえさえすれば、自分に適した事務職を探すことができるだろうと、元校長先生が考えるのは当然だ。

生活保護にたよるのは心苦しいけれども、ことばに馴れて、一刻でも早く自立をしたい。子どもたちのため、自分はどのようなことでもする覚悟だと語る彼の眉宇には、不退転の決意がにじんでいる。とはいえ、宮本実さんの肉体はいま、三年余の肉体労働のつけが、重いヘルニアとなってはね返ってきていることを考えると、中学二年生の長男厚君をかしらに七歳の末っ子永三君まで四人の子どもに教育をさずけ、日本語になじめずにいる夫人とともに、生活をきり開いていくことの困難を思わずにはいられない。

祖国の対応の冷たさを思うにつけても、わたしの頭の片隅に、宮本実さんは勃利の小学校の校長としてかの地に踏みとどまっていた方が、この一家にとって、いまよりは少くとも幸せではなかったかという疑問がかすめた。そのとき、

「ちょっとお待ちください、お見せしたいものがあるんです」

と、言って、宮本実さんは厚君ともども、部屋にもどって、大部の書物をかかえてきてくれた。見れば、それは『長野県満州開拓史』三巻本であることが、わたしをおどろかした。三巻の合計の値段は二万数千円の高価なもので、それを、宮本家が買い揃えていたことにおどろかされたのだが、そのうちの名簿篇の紙片をはさんだところを、宮本実さんと厚君とが、宝ものをでもみせるように、いくらか誇らしげに開いてわたしに示した。むろん、それは「第十次東索倫河埴科郷開拓団」の宮本家の七名の名が記されているページだった。

わたしの頭の片隅にまだわだかまっていた疑問は、そのとき、霧がはれるように消えていった。どんな困難があっても、宮本実さんの一家がふたたび中国にもどっていくようなことになってはならないような光が、彼らにあたえられなければならないだろう。

第2章　折りあえない歴史

在満大日向分村役場

一

一九八五年の五月八日、ユーゴスラビアの小都市ブレッドの街で国際ペンクラブの平和委員会が開催され、同時に開かれた文学シンポジウムのテーマは《Hereditary Enemy》、直訳すれば、「代々の、あるいは世襲の敵」とでもいうべきいかめしいタイトルで、その招待状を東京で受けとったとき、わたしには正直のところ、切実な響きをよびおこすことはなかった。

ブレッドという街は、アルプスに抱かれ、美しい湖と古城をもつ保養地で、ゆっくりと湖面に波紋を広げてあそぶ白鳥の群に目をやっていると、メインテーマ《Hereditary Enemy》ということばはますます遠のいていくようにみえたが、オーストリア皇太子に向けられた一発の銃声で第一次大戦の幕がきっておとされたサラエボの町はこのブレッドからそう遠くなく、第二次大戦下ブレッドの古城の財宝がナチの兵士にかすめ去られたなどときけば、東西両ドイツの代表やイスラエルやブルガリアの代表などの居並ぶ平和委員会の開かれた五月八日というその日が、ベルリン陥落とナチ崩壊の四十年にあたる記念の日であることを、同席したわたしはいやでも心にきざまずにはいられなかったと同時に、文学シンポジウムに《Hereditary Enemy》という逆説的ともいえるテーマの選ばれた背景も理解できたように思われた。

フランクフルトからユーゴのブレッドに入ったわたしは、帰途ふたたびフランクフルトからボンに足をのばしたのだが、西独のテレビは五月八日をはさんで、連日ゴールデンアワーに四十年前の大戦に対するドイツの反省をこめた特集番組を流しており、深夜番組においてさえ、ドイツ語版に吹きかえられた『哀愁』や『カサブランカ』を放映していることにおどろかされもしたけれども、大戦後四十年目の今日、西独のジャーナリズムが自らのナチズムの歴史を加罰的に客観化しようとしているところに、彼らの危機意識を見る思いがした。

あとできけば、テレビのみならず、「西ドイツのジャーナリズムを代表する一方の雄『シュピーゲル』誌は今年の第一号を〝壊滅——一九四五年五月八日〟の特集にあて、四月中旬からは〝一九四五年——底なし沼への転落〟と題する連載を始め……他方『ツァイト』紙は年初来、内外の論客に長文の寄稿を求め、より大衆的なグラフ雑誌などもそれぞれに当時を回顧する特集を組んだ」(永井清彦「戦後40年……なお自らを問う西独」——『朝日新聞』一九八五年五月二〇日)と伝えられている。

わたしがボンの街を訪れたときには、すでにサミットの会場にあてられた故アデナウアー旧居前のテレビカメラのヤグラもとり払われ、数日前シュプレヒコールで騒然となっていたはずのボン大学のキャンパスにはマロニエの花びらがこぼれるのみで、サミットのひき起こした熱気は波のように退いてしまっていたけれども、右の文脈のなかに、レーガン米大統領の西独戦没者墓地参詣をおいてみれば、そこにナチ親衛隊員の墓があるがゆえに西ドイツの世論をゆるがし、ひいてはその波紋がアメリカ政界にまでおよんでいったことの意味が、東京では感じられぬ切実さをもって理解することができたのであった。

右の引用文につづけて、永井清彦氏はさらにつぎのように報告している。

「五月八日」とその周辺を論ずる多くの論調の中で、ドイツ人にとっては歴史がいかに重いかを説いたうえ、「他の民族は歴史との折り合いをつけやすい、ないしはつけやすくしてしまっている」と、日本を後者の例に挙げているのは『ツァイト』の主筆ゾンマー氏である。

「歴史との折り合いをつけやすくしてしまっている」国の典型例として日本をあげた『ツァイト』のゾンマー主筆の指摘は、残念なことながら、正鵠を射たことばとなっていることを認めずにはいられない。わけても、かつての「満蒙開拓」を推進し、これに積極的に加わっていった人びとの戦後の言説のなかに、それはよくでている。

たとえば、ここに『満州開拓史』という本があって、そこに盛りこまれたデータは、「満蒙開拓」の歴史をたどるうえで欠くべからざる基本資料とされているのだけれども、戦後二十一年をへた一九六六年に出版されたこの本の序文の冒頭には、

「満州の開拓は民族協和の理想実現と日本民族の発展とを目指した歴史的な大事業であった。」というういかにも気にかかることばが示されており、さらにページを繰れば、もうひとつの序文に、すでに一九四五年八月をもって歴史の彼方に退場していった人物だとばかり思っていた内原訓練所のかつての所長加藤完治その人が、往時の苦心談を往時の口調そのままに披瀝しているのを読めば、ゾンマー主筆の右の指摘は、より強く胸にひびいてくるといわざるをえない。

だが、ゾンマー氏の指摘にもかかわらず、いま日本人が、いかに「歴史と折り合いをつけよう」としても、「折り合いをつけさせてくれない」存在があるとすれば、それはほかでもなく、「中国残留孤児」と呼ばれる人びとであるにちがいない。

すでに触れたように、巻頭に加藤完治序文が掲げられているにもかかわらず、『満州開拓史』は「満蒙開拓」の歴史をさぐる上に欠くことのできぬ基本資料であり、八三五ページにおよぶ大冊の前編は移民の歴史にあてられ、後編は敗戦後の混乱と引揚げの状況にあ

てられ、あたう限りの記述がほどこされているけれども、「未帰還者調査機関と現地残留者」の項は巻末一ページにも充たず、現地残留者を三五〇〇名と推定し、「これらは主として国際結婚者、または戦災孤児であって、その生活は惨めである」とわずか一行で片づけたあと、残った空白は「さらば満州」という読み人知らざる替歌で埋められているのである。

さらば満州よ　又くるまでは
　しばし　別れの涙がにじむ
赤い夕陽が　地平に沈みゃ
　広い夜空に　北斗星

男一匹めめしく泣くな
　すてしまえば　世界は広い

松花　黒竜　ウスリー江も
　末は平和の太平洋

とはいえ、この本に盛られた豊富な資料や談話を、序文にさからいながら読んでいくと き、たった一行で済まされた「残留者」たちの背負わされている歴史が浮き彫りになって きて、日本人が「歴史と折り合う」ことが、そう簡単にはいかないことが理解されてくる 仕組みに、この本は書かれてもいるのである。

二

一九二八年六月三日の早暁、七輛編成の特別列車が北京駅を東に向けて発った。それか ら五時間ほどおいて、二十輛編成の特別列車に、多くの侍従を従えて張作霖の一行が乗っ て出発した。先発の列車には張作霖の第五夫人が乗っていた。テロルを予想しての処置だ ったにちがいない。

二つの列車の進行は、天津、山海関などの主要駅通過ごとに、極秘に見はっていた特務 将校によって関東軍高級参謀河本大作のもとに打電されていた。随従していた日本人顧問 町野武馬はなぜか天津で降りたが、儀峨誠也少佐は最後まで張作霖に随行していた。

張作霖の二十輛編成の列車が奉天(瀋陽)駅に着くのは六月四日午前五時から六時のあい だと推測されていたが、午前五時二十三分、列車が奉天郊外にさしかかるや、一発の轟音とともに張作霖の乗る展望車と食堂車の中間で爆発が起こるとともに、機関銃の連射があった。炎上した列車のわきに、二人の中国人苦力の死体が横たわり、屍の一方からは広東政権の密書らしきものが発見され、もう一方の屍のわきにはロシア製の爆弾がころがっていたが、そこにはいかにも見えすいた擬装が露わであった。張作霖は即死に近い重傷であったが、儀峨少佐は服こそぼろぼろになったけれどもかすり傷ひとつなかったのも不思議だった。

列車炎上後、薄明の奉天郊外を走り去った車のなかに、爆裂弾のスイッチをおした東宮鉄男大尉と連絡役の川越守二大尉の姿があったが、主役たちの姿は、「満州某重大事件」というベールで強引にかくされてしまった。

「満州某重大事件」こそ関東軍もろとも「昭和」の政治を引き返すことのできぬ迷路に誘いこんだ歴史の瞬間だが、迷路に誘導した転轍手ともいうべき東宮鉄男大尉が、予備役にも回されることなく「満州」に生きのこって、河本大作のあとをおそう高級参謀石原莞爾大佐のもとで「満蒙開拓」の青写真を描く技師となっていったところに、悲劇のパン種が仕込まれることにもなっていったといってよいだろう。

河本大佐の胸中に張作霖暗殺の計画が芽ばえたのは前年山東出兵の挫折前後のころから

と推測されるが、ちょうどその年(一九二六)、わたしの郷里信州では、八十八夜もとうにすぎた五月半ばに、例年にない晩霜が全県をおそい、とりわけ養蚕に拠りどころを求める山間の村々の桑園に大きな被害をもたらした。その被害度にプロットをうっていくと、十数年後の県下の「満蒙開拓団」送出状況にそれは重なっていくにちがいないような爪跡を、山間の村々にのこした。

しかも、一九二九年にはじまる糸価の暴落は、そのまま翌年の深刻な農村恐慌へと連接していくことになるが、この年の生糸の生産量は五年前の四七・五パーセントにおちこみ、一人当りの生産額も三二二円から一四五円へと激減している。

生糸相場の暴落で半減した養蚕にひきかえ、この年の米作は〝史上最高〟といわれる豊作であったにもかかわらず、豊作のゆえに米価もまた石あたり前年の二五円から一五円へと暴落した結果、米作農家も収入を逆に減ずる結果となった。養蚕がだめならば木炭というのが山村のもう一つの収入源だが、薪炭材もまた五割を割りこむほどに低落した。

全県的に小作争議が発生し、製糸工場を中心とした争議が続発したことも当然だが、他方、行政レベルでの農村経済調査会の設置と農村経済更生運動の推進されるなかで、「満蒙開拓」の声があげられていったことに注目しなければならない。

「満州事変」のさなか、「信濃海外協会」のイニシアチブで「満州愛国信濃村の建設」が決められ、「信濃教育会」の第一回満蒙視察員五名が出発したのに対応して、小県郡青木村の青年たちの出していた『青木時報』が一九三三年元旦号に愛国信濃村建設に反対するつぎのような論説を掲げているのは興味深いことだ。

「満蒙は吾が国の生命線である」と称して昨年九月以来巨額な費用を投じ幾多の生命を犠牲にし、本年三月満州国独立(?)迄こぎつけた日本資本主義は、必然的な資本主義的諸矛盾の危機を孕みつつも、民衆をファッショ化する為に様々な形態と手段とを以つて最終的な馬力をかけてゐるのである。前月号(十二月)所載の町村長会長及び各種団体長を集めて《ママ》「満蒙に愛国信濃村建設」の資金の問題もその一手段なのである。何故に満蒙の権益を守り信濃村を建設せねばならぬのか。それは支配階級が、ソヴェート同盟のすばらしい発展とそれに基づいて着々進む支那ソヴェートの建設と国内プロレタリアの奮起と世界資本主義相互間における競争等による諸矛盾の為、資本主義の没落は免れざる所であって、その危機の防衛の為にこそ満蒙の権益の擁護も信濃村建設も急務なのである。

去月七日、青訓査閲に来村、徳永中佐も午後の講演会に於て「支那はロシアの危険思想に煽動されて益々赤化してゐる。そして吾が国へもその手を伸ばして善良な国民を悪化せしめんとしてゐる。だから吾々はかがやかしい世界に比類なき歴史を持つ皇国の為、軍隊を以つてこれを阻止したのである」云々と言つてゐるし、連盟会議代表の松岡氏は、「東洋赤化防止の為、積極的な手段をとる」と云つてゐる。支配階級の手先としての人物さへ、ロシアの発展、支那の赤化はおほひかくす事が出来なくなつて自己暴露さへしてゐるのである。

政府は来年度は五千人の武装移民を送る計画をしてゐるが、満州移民も信濃村建設も、前述のやうにソヴェート攻撃と支那ソヴェート圧殺の意図の下にのみ於てなされるのである。現制度下に於て、私は具体的な資本主義の暴露の自由は持たない為、もつと喰い入つて記述する事は出来ない。が兎に角、信濃村建設の為に、ありもしない金を出す事は出来ないし、又あつたとしても、吾々がそんな金を出す必要は絶対にないのである。本村の建設費割当額は二百一円だとかだが、信濃村建設どころか、青木村建設の方が忙がしい事だ。村税も集らない、信組が半潰れだ、差押へが来る、小作料は五年も滞る等々の惨状を見ては、信濃村建設どころの騒ぎではない。又少し位金があつたとしても、「信濃村建設」等に出す事は大きな間違いで、それは自縄自縛であつて、無産大衆の抑圧と搾取を永続させるのみである。

かかる意味に於て「満蒙へ愛国信濃村建設」には反対せねばならぬ。

生硬なアジプロ調の文章ではあるけれども、鉦と太鼓ですすめられようとしつつある「愛国信濃村建設」運動の本質を鋭く見すえようとする視線が、そこには光っている。じっさい『青木時報』が説くように、「愛国信濃村」建設のために二〇一円の拠出金を出すよりも、「村税も集まらず」「信用組合も半潰れ」で、「小作料が五年も滞って」いる青木村の現状を建て直すことの方が現下の急務であったはずなのだが、そのような状況であればあるほど、「満蒙に渡れば十町歩の自作農になれる」というキャッチフレーズが山村農民の心にくいこんでいきやすかったこともまた事実だったであろう。

『青木時報』の論説がどのような青年によって書かれたのかは定かではないが、この記事が村民の目にふれた一ヵ月後の一九三三年二月四日、長野県全体にわたって一三八人の小学教員をふくむ五〇二名の人びとが治安維持法違反の容疑で検挙されるという、いわゆる二・四事件の嵐が吹きあれたことを考えると、『青木時報』の執筆者も安全圏にいることはできなかったのではなかったろうか。

逆に、長野県には更科農学校に移民専修科が新設され、県立御牧ヶ原修練農場が設けられるというように、ゆきづまった農村の諸矛盾を外に向けて放つべく、「満蒙」がひとつのターゲットとして収斂されていく気配が読みとれる。

　さて、一九二八年六月四日の明け方、奉天郊外でその後姿を消した東宮鉄男大尉のその後が気にかかるが、『東宮鉄男伝』および『満州開拓史』によって、その足跡を追うと、張作霖爆殺事件から数カ月後の秋、双遼(鄭家屯)、通遼方面に入って、気候、風土、土壌、水利法、耕作法、農家経済などを調べるための旅行をつづけていたことがわかる。「満州某重大事件」が政友会田中内閣の崩壊をよんだだけではなく、国際的な波紋にまで広がっていたことの風圧をさけるための逃避行とみることもできるが、この調査旅行それ自身が、東宮鉄男に与えられた次の任務を示唆していたとみる方が正確だろう。東宮はそのころ、こんなことを口走ってもいる。

「わが大和民族の現在は鉢植の竹の如きものである。このままにしておいては、これ以上繁茂し得ないばかりか老衰するのみである。しかして、この竹を分ちて大地に移し植えたなら、新たな生命が復活し、益々繁茂するのだ。故にどうしてもわが民族を大陸に移民して、皇国の発展を計らなければならぬ」

「満州事変」勃発とともに、吉林鉄道守備隊教官長となった東宮大尉は、満州国軍政部顧問の肩書をもって、もっぱら北満松花江沿いに〝討匪行〟をくり広げているが、その足跡は依蘭、富錦、宝清、樺川、勃利、密山、虎林、同江、綏陽、饒河と北東ソ満国境に近い十県におよんでいることに注目しなければならない。この底なしのような〝討匪行〟のなかで、東宮の脳裡に、のちに武装移民、青少年義勇軍に発展する〝屯墾軍〟構想が思い描かれるとともに、東宮の足をふみ入れた十県がのちの「満州開拓団」の配置図にそのまま重ねられていくからである。

この特務大尉は、じつに精力的に意見具申書を関東軍参謀長宛に書き送っており、回を重ねるにつれて、東宮の武装移民案は精緻さを加えていっている。ちなみに、その四十六年の略歴を『満州開拓史』の記述そのままによってみると、

名は鉄男、三江漁父と号した。明治二十五年八月十七日群馬県勢多郡宮城村大字苗ヶ島に生まれ、大正四年陸軍歩兵少尉に任官、六年シベリア出征、八年中尉、十一年自費にて支那に留学、十四年大尉、昭和二年独立守備隊歩兵第二大隊中隊長として奉天に赴任、満州の排日事態を直視して満州開拓民送出の経綸を抱いた。四年岡山歩兵第十連隊中隊長、六年十二月満州吉林軍応聘武官となり、七月四日関東軍司令部付、満州国軍軍事顧問として満州国軍の建設並びに剿匪に功績をたてた。同年六月移民具申書を関東軍に提出、入植地の選定、土地測量計画案の作成、軍省庁、拓務省等との交渉に不眠不休の努力をし、同年十一月武装移民五百名を佳木斯に入れ、同八年移民

入植地の近隣の討匪戦で右肺貫通銃創、全快後、富錦特務機関長、九年青少年移民十四名を饒河に入植させるなど、後の満州開拓青年義勇隊の基礎を作った。十二年水戸歩兵第二連隊付、同年十月千葉部隊大隊長として支那事変に出征、十一月中佐、同月十四日杭州湾上陸戦に広陳鎮付近で壮然な戦死を遂げ、同日付大佐に昇進した。行年四十六歳。

三

特務機関長東宮鉄男大尉が「北満」の奥深くわけいって、ひそかに武装移民の構想をあたためはじめていたとき、一方日本内地にあって、もうひとつべつの「満蒙開拓」構想が一群の人びとによって画策されつつあった。東京帝大農学部の那須皓博士と京都帝大農学部の橋本伝左衛門博士を理論的支柱として、『満州開拓史』の序文の筆者としてすでに本稿に登場してきている加藤完治その人が、「満州事変」を契機として八面六臂の活躍を展開しはじめていたのだ。いまは亡き加藤完治その人にインタヴューすることは、東宮大佐同様不可能なことだが、『満州開拓史』の序文に彼は往時を滔々と語っている。引用が長くなるのはその語り口のゆえやむをえないところだ。

昭和七年の正月二日朝、僕が国高販売部にいると、角田一郎という予備陸軍中佐が訪ねて来て、

「自分は山形の者だが、先生の満州移民の必要性、可能性を聞き、真にもっともだと思って、陸軍省に行って同期生の永田軍務局長に会ったり、多くの後輩などにも説いたが、誰も耳をかたむけてくれない。私では駄目だから一つ先生を煩わして、陸軍を説き伏せたいと思う」というので、その事なら何処へでも行くから連れて行けと答えると、角田中佐は盛んに電話をかけていたが、陸軍大臣官邸に行ってくれという。

そこで乱暴な服装で二人して大臣官邸に行った。来意を告げると、副官はちょっと驚いたような様子だったが、奥に入って大将に報告したのであろう、大臣の面会室に入れられた。待っていると、荒木大将が出て来て、

「何用ですか」

と問われたから、早速満州移民問題をお話しすると、大将は僕も駄目だと思うと答えられた。そこで二人の間に満州移民についての大議論がはじまった。しかし大将は真面目な人だから、僕のいう事に対して、疑問を一つ一つ並べて質問した。話している中に僕の意見がよくわかられて、非常に喜ばれ一々個条書きにして手帳に書きとめられていた。最後に、

「これを決行するとしたら僕は何を受持てばよいか、そして君は何を受持つか」といわれたから、大臣は移住地の獲得、移民宿舎の設立（借入）、移住者の一年以上の食物の準備、匪賊等に対する防禦用武器の供給、軍医の選定、在郷軍人移住者の選定等をお願いした。そして僕の分担は出て来た移住者の訓練、これで移民は決行し得ると答えたら、よく諒解して、しっかりやろうといって別れた。

話はあっけないほどにとんとん拍子に進んでいるけれども、日時まで特定されているからには、事実に近い回想と思ってよいだろうが、つぎの状景にはいくらかの検証が必要ではなかろうか。

しかし荒木陸軍大臣が可能論者になられても、大蔵大臣が可能論者にならなければ移民の断行が出来ないので、その高橋大臣を説得しなければならない。その大臣が最も頑固な満州移民不可能論者なのである。

満州移民については石黒忠篤兄から大臣に話しをしたものと思うが、那須皓博士や橋本伝左衛門博士が満州移民可能論を話しに行ったら、君等は移民現地に行って見て来たのかと質問されたので、両博士とも

「まだ現地には行っておりません」

と答えたら、現地に行かないでいう移民論など聞く必要なしとて、一言のもとに断わられたと僕は聞いていたので、腹をきめていた。

拓務省と石黒さんから連絡があって、大蔵大臣に会いに行けというので、満蒙移民可能論を話しに出かけた。大臣のいる大きな室に通されて待っていると、大臣は一人の秘書をつれて出て来られて、何用かというから日本農民の満州移民の可能性を申し上げに来たというと、いきなり右腕をまくって、

「君は現地に行ったか」

と大きな声で怒鳴りつけた。……そこで僕は、

「ハイ現地に行ってきました」

といったら、今度はいよいよ質問をはじめたから、僕は心ひそかに「しめた」と思って、静かに大臣の質問に対して全部一つ一つ説きあかして、満蒙移民は何でもなく確かに出来ますと述べた。すると大臣はいきなり僕は忙しいからといって、自分の机の方に行ってしまったから、僕も後から追っかけてその前に行って、

「大臣、どうか日本農民の為めに満蒙移民を断行して下さい」

と頼んだら、それでは試験移民として二回に分けて千人ばかりやって見よう、成績が

上ったら続けてやろう、但し悪ければ取り止めにするといった。僕はこの返事をきいて大喜びで拓務省と石黒さんに報告した。これが高橋大蔵大臣との話し会い《ママ》のあらましである。

前後の文脈からすると、陸軍大臣荒木貞男を説得してまもなくのことのように記されているが、この部分の日時は特定されていない。死者に口はない以上、確かめるすべはないが、いきなり腕まくりをして怒鳴ったのが七十八歳の老蔵相高橋是清で、紳士的に理路整然と説ききたり説きあかしていったのが、「乱暴な服装」で乗りこんでいった加藤完治その人ということになっているのも、にわかに信ずることはできない。

そこで加藤完治のもうひとつの回想「武装移民生ひ立ちの記」でその間の事情を追ってみると、彼が初めて奉天に足をふみ入れ、石原莞爾に会ったのは一九三二年春のことであり、その留守中に拓務省が三月の臨時議会に出そうとした移民案は高橋蔵相の強い反対で閣議段階でつぶされていることがわかる。それからわずか二カ月ののちに、五・一五事件によって総理犬養毅が凶弾に倒れ、この国の政党政治は実質的な幕をとじる。加藤完治の足跡を追えば、五・一五事件の直後、彼はふたたび奉天に飛び、六月十四日に、石原莞爾の引合せによって初めて東宮鉄男と相知り、東宮が永年あたためていた武装移民の計画を

東宮鉄男

加藤完治

知るとともに、ソ満国境に近い「北東満州」に移民の適地のあることを知らされ欣喜している。

とすれば、もし加藤完治が、犬養なきあと総理の椅子に坐った斎藤実のもとでなお蔵相たりつづけた七十八歳の老蔵相高橋是清に面会を強要したのは、五・一五というテロルに政界が震撼したあとと考えられるが、「武装移民生ひ立ちの記」には、蔵相会見の記録はなく、陸軍首脳への猛烈な裏面工作と、首相斎藤実、拓相永井柳太郎、農相後藤文夫らへの働きかけによって高橋蔵相を孤立化させ、八月十六日、一千名の武装移民案の閣議決定にもちこみ、それはあたかもリットン調査団への公然たる刃のように八月三十日、帝国議会を通過したのであった。

議会での審議状況はどのようなものであったのか、当時の衆院予算委員会を傍聴してみると、こうだ。

坂東幸太郎委員　この予算を拝見致しますと、満州の移民に関しまして、二十万七千八百五十十円の予算がありますが、私聞きまするに満州の既墾地が一千万町歩、未墾地は一千五百万町歩、これらの未墾地に対して臨時の追加とは申せ今回二十万八千円位では少ないように感ぜられるのであります。……この未墾地を開拓するにはどうしても日本人が移住しなければならぬ、現在の農村の困難、農村の疲弊はこれを一面より見るならば人間が多いのである。土地が少ない。また満州にかく荒蕪地の多いのは人間が少な過ぎるからであります。したがって日本人が十分に満蒙に活動しますならば、その結果として日本の農民の収入も増加する、また満州の開発も促進されるのでありますから、明年度の予算において十分に何千何万の移民の出来るよう大いに予算をたてられんことを望みます。

高橋是清ならずとも、「いったい君は現地をその目で確かめてきたのか」と怒鳴りつけたくなるように無責任な発言だが、答弁に立った堤拓務次官は手をもみながら、予算の僅少は先生のおっしゃる通りだが、いまなお「匪賊」の討伐不十分な現地に大量移民を送ることは慎重を期さねばならぬので今回は試験的なものと考え小規模にとどめたと答弁すれば、すかさず別の議員が立ってこう弁じる。

津崎尚武委員 ただ今、坂東委員と堤次官との間に問答がありましたが、私どもはこの問題はただに日本に取ってのみならず、満州国のためにも、延いては東洋のためにも非常に重大なる問題と信ずる、その理屈は申さぬけれども、次官の答弁によると、満州国から二万町歩の土地の提供を受けたから二十万円の予算を組んで、試験移民をやるのだということであります。動機は単にそれだけであるか、それとも拓務大臣は、満州移住は重大問題である故、相当に大きな計画の下にこの移住を決行しなければならぬ、しかし不幸にして予算が少ししか取れなかったから我慢をするというのであるか、それとも未だいわゆる試験移民の時代である、満州に対して試験移民というような名をつけて、まだ暫く試験とか調査とかいうことに日を送って行くつもりであるか。……試験移民などという言葉は非常にいけない。一体どういう意味であるのか、かような時代は去って今は実行期に入っている、実行こそ大切であります。

五・一五事件をもって政党政治が幕をとじただけではなく、帝国議会もまた関東軍の走狗と堕してしまったような予算委員会の惨めな状景が想起されてくる。

「満州国」から二万町歩の土地が提供されたというが、いったいそれはどのような手続きによってなのか。土地そのものはどのような条件におかれているのか。二万町歩に千人の武装した在郷軍人を開拓民として送りだすというが、銃を片手に一人二十町歩の土地をどう耕作しようというのか、渡航費用、向う一年間の食糧費、住宅費などがどのくらいかかるのか。それらを差引いていったい一町歩当りいくらの土地代を払うつもりなのか。じっさい予算案明細には、土地代金は項目としてあげられていないが、それはいったいどうしてなのか。審議すべき事項は山積しているというのになんらつめることもなく、無責任な拍手とともに、予算案は承認された。思うに、「武装移民」一千名の派遣費二〇万七八五〇円は、政党政治最後の総理大臣の生命と引きかえに、ようやく陽の目をみることになったといって過言ではない。それは同時に、「満州開拓団」の悲劇のスタートでもあった。

予算案が議会を通過した翌九月一日から間髪をいれず、帝国在郷軍人会本部の名において、移民募集の業務は開始された。

四

第一次武装移民の帝国議会通過をまえにして、ソ連がソ満国境に近い「北満」の変化に神経をとがらしていたことは、不自然ではない。その年の七月九日付で極東機関紙『チホオケアンスカヤ・ズヴェズター』紙が武装移民の派遣に関して、東京電に基づいてつぎのような論説を掲げていたのは注目に価いする。

一、満洲国の大遠征開始さる

日本陸軍省は予備兵の満州国計画的移植に着手し始めた。東京通信によると満州移民の第一団七百名はホンド少佐を団長として七月二十日出発の予定であるが、団長の言によると予備兵移民の目的は満州国の新制度と日本勢力を鞏固にするに在る。

二、農具の代りに兵器弾薬

この移民隊は農具の代りに各人に小銃ならびに弾薬五十発、外に機関銃六および特殊砲五門、軽式飛行機二台を携帯する。これ等移民の出発準備の状況その覚悟等に徴すると、彼等移民はある確然たる内命に基づき平和的農事以外いかなることにも挺身奮闘すべき覚悟は単に予備兵の動員および配置を隠蔽する方法にすぎない。しかしてこの動員配置は未来の戦場満州に必要な兵力を集中するを目的とし、かつ現在の満州パルチザン運動の平定を目的とするよりはむしろソヴェート連邦攻撃の準備を目的とするものに外ならない。

三、仮面の自由移民

日本の軍部は公然予備兵の動員を公言する決意がない。何となれば、これは宣戦布告を意味するからである。よって彼等は余計な声明ぬきに着々戦争準備を行なう。第一次に移民さるる予後備兵の年齢は二十四歳―三十歳である。すなわち予備教練を要せず直ちに部隊補充にあてうる人的材料である。現にハルピンその他の満州各地におけるこの年輩の日本男子(差当り定職なきもの)は日々絶えず増加しつつある。

恐らく予後備兵の渡満は彼等に下った秘密の内命によるもので、日本新聞紙の宣伝する如き自由意思的なものではあるまい。日本人中この移民運動の直接指導者を除き真面目に満州におけるアラクチェーフ式軍隊村(19世紀前半のロシア屯墾隊)の建設の可能を信ずるものありや否やは不明であるが、ただ疑いの余地なきは軍部権威者の大多数が前記の如き予後備秘密動員および集中法を全然機宜に適した方法と承認している事実である。

これと併行してもちろん兵器、軍需品の輸送が行なわれているが、その一部は移民と同送され一部は満州鉄道線における日本軍閥の独占的地位を利用して密輸されている。最近奉天に開催の日本在郷軍人大会、東満洲移民協会の創立、地元事情調査および移民適地選定を表面の目的とする在郷軍人団体の満洲視察旅行等はすべて事態の真相を隠蔽せんがための仕事にすぎない。(『満州開拓史』より)

関東軍主導ですすめられていた第一次武装移民団の計画の背景とその本質を、ソ満国境の向う側では憂慮と警戒をもちながら、正確に見ぬいていたというべきだろう。むしろ、「満州事変」のなかで満州熱に浮かされていた日本人自身、「満州国」の姿も、それを維持発展させようとする関東軍上層の真意をも見ぬくことができなくなっていたというのが、真相だったといえそうである。

法案通過の二日後、九月一日には早くも、帝国在郷軍人会本部は、東北六県、北関東三県、および信越二県を対象にして第一回「試験移民」の募集を各県郷軍支部に通達しているが、九月十日には四二三名の隊員が選びだされ、ただちに十八日間の訓練に入っている。

第一集団　第一小隊(青森)　三九名
　　　　　第二小隊(岩手)　四一名
　　　　　第三小隊(秋田)　三五名

第二集団　第一小隊（山形）　三九名
　　　　　第二小隊（福島）　四二名
　　　　　第三小隊（宮城）　三七名
第三集団　第一小隊（新潟）　四〇名
　　　　　第二小隊（長野）　三九名
第四集団　第一小隊（群馬）　四一名
　　　　　第二小隊（栃木）　三九名
　　　　　第三小隊（茨城）　三一名

選考にあたっては、現地から、とくに寒冷地農村出身者という指定があり、さらに、細かい要綱のなかには、農村出身の在郷軍人にして困苦欠乏に耐えうるもの、家庭上係累少なきもの、当分内地に送金を要せざるもの、思想堅実、酒癖絶対になきもの、などのきびしい条件が付されていた。

議会向けには「試験移民」と名づけられたこの計画が、実際には関東軍・在郷軍人会によって主導されたことは明らかだ。主管省である拓務省の入植地調査は、すでに四二三名の隊員が決定し入植訓練に入っている九月十七日から二十四日まで、急遽、係員を派遣して行われた一週間のおざなりなものであったことからも、拓務省が軍部に引きずられての計画であったことが浮き彫りにされる。

第一次試験移民が東京を発つのは十月三日だが、当時の『拓務時報』に「第一次満州自衛移民輸送状況日誌」というものが掲げられている。議会向け「試験移民」は拓務省内では「自衛移民」と使いわけられ、関東軍では「武装移民」の名で呼ばれていたことも、「満蒙開拓」の本質を語っているといえないか。

東京を発って「北満」佳木斯まで十二日間の旅は、陸軍省における荒木陸相の訓話、明治神宮参拝、橋本伝左衛門京大教授講話、加藤完治校長、鹿子木員信九州帝大教授講話などがつづいて、さながら旅もまた「自衛移民」のための思想教育に費やされたが、のちに「満蒙開拓」の理想として掲げられた「五族協和」のスローガンは、まだここではひとことも語られていないことに注意しておく必要がある。

「満州事変」のさなか一九三二年一月二十七日、関東軍統治部が主宰して行なった産業諮問委員会の「満州移民諮問議事録」がのこされているが、そこから、何人かの委員の発言をみておこう。

松島委員　嘗テ後藤伯爵ガ満鉄総裁ニナラレタ当時満州ニ百万ノ移民ヲスレバ満蒙問題ハ解決スルダラウト云フ風ニ言ハレマシテ、当時皆ソンナ風ニ考ヘテ居ツタノデアリマスガ、爾来二十有五六年ヲ経マシテ満州ニ居リマスル日本人ノ数トイフモノハ僅ニ二十万ニ足ラナイ、而モ其大半ハ満鉄社員又ハ其家族デアリマシテ之ヲ農業者ニ就テ見マスト僅ニ七百四十戸内外トイフ様ナ有様デアリマシテ、而モ其中デ専業ト致シテ居リマスル人達ハ其又半分ヨリハ少シ上デアリマスガ、四百三十戸、兼業ノ人三百十戸トイフ様ナ有様デ非常ニ不振ナ状況デアリマス。

冒頭の松島委員の現状分析はさらにつづくが、この長時間の議論のなかで最も多く最も積極的な発言をしているのが、那須皓委員と橋本伝左衛門委員である。両委員の発言の一部をここに抄出してみると、

那須委員　思ツタ程土地ハ沢山ナイト云フ御説モ伺ヒマシタ、併シ相当ニ不便ナ所ヲ考ヘマシタナラバ、マダ土地ガアルヤウデアリマス。手近イ所、今日土地ノ安イ極メテ安全ナ有利ナ土地ト云フモノハ案外少ナイカモ知レン。私共ハ此移植民ヲ民族運動トシテ考ヘテ居ルノデアリマス。故ニ是ハ十年二十年ノ問題デ、今後三十年或ハ五十年ノ後ニ於キマシテ、相当満州ノ交通機関ガ発達スルダラウト思フ、今日不利ナ所デモ其時ハ立派ニナルト思フ……。橋本博士ガ繰返シ此処ニ於テ言ハレマシタ出来ルダ

ケ面積ノ広イ方ガ望マシイ。但シ玆ニ問題トナリマスノハ未墾地ハサウイフ風ニ出来ルダケ多数ノ面積ヲ得タイノデアルガ、既墾地デアル是ハ今日支那農民ガ耕作シ、或ハ朝鮮農民ガ耕作シテ居ルノデアル、場合ニヨリマシテハ是等ノ人ヲ追ツテ仕舞ツテ後ニ日本ノ農民ヲ入レルトイフコトモ甚ダ便利デアルトイフコトモアルダラウト思ヒマス。

那須委員はさすがに言いすぎたと思ったためか、「無暗ニ駆逐スルコト」は反日感情をいたずらにひき起こすから慎しむべきだと、発言を修正してはいるけれども、基本的には、「満蒙開拓」はその後、那須委員のこの発言を支柱としてすすめられることになったのは否定すべくもない。

那須委員と橋本委員の呼吸はこの席でもぴったりと合って、補完しあいながら、国民高等学校長加藤完治の存在を臨席の本庄関東軍司令官に推奨することも忘れてはいない。

橋本委員 忠君愛国ダケデハ農業ハ出来ナイト仰イマスガ、忠君愛国ノ精神ガナケレバ満州デ労作的農業移民ヲ行フコトハ決シテ出来ナイト思ヒマス。……未墾地ヲ獲得スベキカ或ハ既ニ支那人ガ開イタ土地ヲ取ルベキカト云フコトニ就テ那須博士ノ御説モアツタヤウデアリマス、私モ大体同ジ意見デアリマスカラ繰返シマセヌ、兎ニ角成ベク早ク成ベク広イ土地ヲ不必要ナ土地ヲ沢山取ツテドウスルカト言ハレルカモ知レマセヌガ兎ニ角不必要ナ土地デモ抑ヘテ置イテ貰ヒタイト思フ。……遠慮ハシナイデ此際デナイト沢山ノ土地ハトレナイト思フ。朝鮮デ矢張リサウデアル。先般斎藤前総督ガ国民高等学校長ノ加藤君ニ満州ニ植民ヲヤルトイフナラ早ク土地ヲ取ツテ貰ヒタイ。自分ハ熟々サウ感ズル、此際デナイト取レナイ(トイツタサウデス)、私ハ感ニ打タレタノデアリマス……。

ここにもまた、漢・蒙・満・鮮・日の「五族協和」による「王道楽土」などということばはひとつもでてこないのである。「満州事変」のどさくさのなかで、いかに広大な土地をかすめとるかに最大の関心が払われているおもむきがうかがわれる。

関東軍統治部はこの諮問委員会の討議をふまえて、翌二月「満州農業移民方策」という極秘文書を策定しているが、その冒頭には、つぎのようにうたわれた。

日本人農家の移植は之を日本より見る時は云ふ迄もなく母国生命線の確保上政府として国民として全力を傾倒して之に当るを要し、……而して朝鮮人の移植に関しては日本として之を見る時は、新付の民として之が保護撫育に任ずべきは勿論なるも、生活程度において支那人と撰ぶ所なく、従来支那側の不法圧迫の下にありて猶よく一〇〇万の移住を見、到る所に根強く発展し来れる事実に徴するも此際従来の暴政と妨害の除去せらるゝに於ては敢て招かずして陸続として来り移るべきは予測するに難からず。即ち新国家(満州国)は朝鮮人に対しては其特殊の技能に依る水田の開発を委するの外多きを望むべからず。日本としては特に之に補助を与へ機関を設けて迄奨励するの必要を認めず、従来其経済的発展に著しき障碍となりたる耕作権の確保と金融の途を講ずる程度にて十分なりと考ふ。

依て新国家(満州国)の移民方策としては極力邦人農家の移植を奨励助長すべく、鮮人に対しては来るを拒まざる程度に止め、支那人に対しては能ふる限り門戸を鎖し、下層窮民の増殖を防止するの策に出づべきなり。

ここにもまた、開拓移民の政治的・軍事的役割が明確にうちだされていたことがわかる。

五

一九三二年十月十四日、途中、奉天郊外北大営の加藤完治主宰する国民高等学校訓練生

七〇名を加えて、第一次武装移民団が十二日間の長旅ののち、松花江を船で下って目的地佳木斯に着いたその夜のことを、「第一次自衛移民輸送状況日誌」はつぎのように伝えている。

たまたま午後十時ごろ佳木斯城外に紅槍会匪、大刀会匪の大群来襲し、銃声忽ち起り、わが守備隊の勇戦によりてこれを斥けたるも一時は激戦甚しきを思わする砲声、機関銃声こもごも乱れて殷々の響きをなし、流弾の遠く船に飛来するものさえあり。移民団は自重して戦闘に関せず、緊張のうちに就眠す。

第一次武装移民（「弥栄村開拓団」）は、蜂起した現地パルチザンの抵抗で、ついにその夜、船中にとどまらざるをえない状況となったことがわかる。『東宮鉄男伝』をみれば、翌十月十五日午前八時を期して上陸するが、その模様が団員によって、こう語られている。

東宮先生は加藤先生と僅かの人数を指揮して、荷物を船から下ろした。われわれは唯呆然として、昨夜の匪襲に荒らされた町を眺めながら「屯墾隊第一大隊」と記された新しい看板の兵舎に入った。兵舎といっても、東宮先生の計画によって、満人の糧穀倉庫を買収し修理した暫時住める程度のものであったから、実に粗末なもので、夜などは薄暗い蠟燭の光で暮した。あれだけの覚悟をもって来た屯墾隊も、二、三日を経ずして「われわれは騙された、とんでもないところへ来てしまった」というものが出て来たくらいである。

じっさい、現地パルチザンの抵抗は執拗をきわめた。十月十四日夜の会戦につづいて、十二月十六日、十二月二十二日と三回におよぶ佳木斯交戦が行なわれ、年が明けて入植地に入ってからも、駝腰子《タヤオツ》、孟家崗《メンチアカン》などで開拓団は交戦を強いられ死者をもだしている。武装する住民七千という情報すらあったが、それも当然のことだ。東宮流土地買収は「立退料」として各戸五円を支給し、威力をもって土地家屋をあけ渡させていくのだから、抵抗する住民が日々増えつづけるのは、何ら不思議ではない。逆に、開拓民の動揺は深まるばかりだ。

当時の屯墾隊の動揺を記した東宮メモにはつぎのように記されている。

1、左の如き言をなすものあり

△交通不便にて匪賊横行する地に入れるは不安なり、宜しく江岸の良地を選定するを

要す。
△吾人は移民なり。何時まで警備をなすべきか。匪賊は何時まで続くものなるか、匪賊の刃にて死するは犬死なり。
△移民団は拓務省のものか、加藤氏のものか、関東軍のものか、吉林軍のものか、移民団のものか、軍事指導員の指揮を受くべきか、農事指導員の命に従うべきか、軍人か、地方人か、一時的国家の補助のために束縛せらるるものか、吾人の将来は不安なり。
△吾人は偽られたり。
△日本現役軍人と同様の勤務をなしながら、粟飯を食い小夜食も給せられず。
2、左の如き行為あり
△城門警備衛兵、通行者の身体検査の際、財物を強奪す。
△時計等を市中にて売り酒色の資とす。
△街上にて言語の通ぜざるを理由として、煙草を安買す、甚だしきものは強奪す(全く小遣を遣い尽したるもの多し)。
△家鴨、鶏等を盗み来り兵舎にて食う。
△移民の前途を悲観せる如き宣伝的言動を行なう。

東宮メモによれば、入植二カ月にもならぬうちに、第一次武装植民団には、このような危機の様相が現われつつあったのだが、目前には零下四十度の厳冬と、そのなかでの「討匪行」と住居建設という苦難が待っている。

ようやく厳冬をのりこえたというのに、「討匪行」と現地民の抵抗に疲れはてた五百名の隊員の多くがアメーバ赤痢にかかり、その八割がいわゆる「屯墾病」におそわれ、その結果は、幹部排斥運動という悲劇のクライマックスを迎えることになるのだが、そんななかに、一九三三年夏、まるで引き返す道がないかのように拓務省は第二次自衛移民を送りださねばならなかった。

第二次自衛移民(千振村開拓団)もまた、その名の示すとおり、現地住民の強い抵抗と攻撃に、自らを衛るだけでせいいっぱいのような局面にいきなり放りこまれたという点では、第一次のそれと大差はない。わけても、一九三四年春浅く起こった土竜山事件またの名謝文東事件の渦中にまきこまれ、第一次移民団よりもさらに大きな痛手を受けたといってよい。これも、帰するところは、立退き料五円で、そこに住む農民を駆逐して開拓団を送りこんだ東宮式土地収奪の当然の帰結であり、初期「満蒙開拓団」の足跡を追っていくと、それだけで陰々滅々の気分におそわれてくるのである。

わたしはこれまで「満州事変」とカギカッコを用いて記述してきたのだが、いうまでもなく、これはかつてわたしが学校教育のなかで教えられてきた呼称で、あくまでも日本側でつくりだした名称だからだ。「満州事変」はわたしの生まれた一九三一年のちょうど九月に始まり、一九三三年までつづいたと教えられた記憶がある。

だが、「満蒙開拓」の歴史をたどり直してみて、「満州事変」はいったいいつ終ったのであるかという素朴な疑問にとりつかれ、あれこれと当時の文献をあたってみても、「満州事変」のピリオッドは、どこにも求められないのである。関東軍が「満州国」というパペット・ガバメントをつくったのは一九三二年三月のことであり、上海事変の停戦協定が結ばれたのはその年の五月であり、帝国議会が「満州国」を承認したのは九月十五日だが、そのゆえに日本が国際連盟を脱退したのが翌一九三三年三月で、いずれを「満州事変」の終結とするのか、わたしには判断しかねる。いや、じっさい「満蒙開拓」の歴史を追っていくと、ピリオッドはどこにもなく、「満州事変」はそのまま「北満」の地にゲリラ戦として果てしなくつづいており、そのゲリラに立ち向かわせられたものこそ、「試験移民」とよばれ、「自衛移民」と呼ばれ、東北・北関東・信越の農村から送りだされていった農民たちだったのではないかと思わずにはいられなくなってくる。

わたしはなるべくならば、はしたないことばを使いたくはない。が、あえて使えば、関東軍と拓務省は、土竜山事件による第一次移民団の損害九万一七〇〇円、第二次移民団の損害一六万四〇〇円、計二五万二一〇〇円という金額を、昭和九年度の追加予算および昭和十年度の補助金予算として、「破廉恥」にも「ぬけぬけ」と要求してこれを獲得したのである。一九三二年八月の臨時議会で「試験移民一千名」派遣費として二〇万円を強引に通したときの挨拶は、一年後には開拓民は自活可能なばかりか、余剰穀物までも生産可能とバラ色の夢を抱かせながら、三年たってなお、倍額以上の予算をもぎとり、なおかつ、第一次、第二次移民からはともに大量の退団者が生じ、第一次の場合四九三名の団員が三二〇名に減じ、第二次では四九二名が三一三名に激減したのである。

蔵相高橋是清ならずとも、この惨澹たる結果について眉をしかめずにはいられなくなってくるというものではないか。眉しかめたる蔵相は消すにしかず。二・二六事件は初期「満蒙開拓」の歴史から、まさに照射され直してくるように、わたしの目には映る。そして、二・二六事件こそ、「満蒙開拓」の悲劇をより大きく、より深いものにしていく効果を、歴史にきざむことになっていくのである。

第3章　誰かが誰かをだました

日の丸の旗と鼓笛隊に送られて出発する開拓団（大日向村）
（『長野県満州開拓誌』郷土出版社より）

一

ここで日本列島の鳥瞰図を思い描いてみよう。

北太平洋の一郭に弓弧状にせり上ったひとつの山脈のようなこの列島は、まるで毛細血管のような山襞におおわれている。国土の約七割が山岳森林原野で占められ、農耕の適地が一割五分そこそこであることは、今も昔も変りはない。だが、昔、山襞の毛細血管はすこやかに鼓動していたのに、この国に蒸気機関が導入され、鉄のレールが敷かれはじめたとき、にわかに毛細血管の鼓動が弱まりはじめてきたことに留意する為政者は、あまりに少なすぎたのではないだろうか。

有能な行政官の眼をもかね具えていた柳田国男が「峠に関する二、三の考察」というすぐれたエッセーのなかで、山襞の村々に憂いの眼差しをむけたのは一九一〇年(明治四三)のことであった。

汽車は誠に縮地の術で、迂路とは思ひながら時間ははるかに少く費用は少しの余計で行く路があつて見れば、山路に骨を折る人の少くなるのは仕方がない。信濃佐久郡から上州武州へ越える道は沢山あつた。碓氷のすぐ南の香坂越、……其南に志賀越、内山峠、与地峠、武田耕雲斎の越えた道、その南に大日向等である。岩村田以南の人が江戸に出で三峯へ参詣するのには、決して軽井沢へ廻らなかつたのみならず、山脈の西と東と丸々種類のちがつた産物、例へば信州の米と酒、上州の麻に煙草、江戸から来る雑貨類を互に交易する為には、少しも中山道を利用しなかつたものが、鉄道は乃ち国境の山脈を唯の屏風にし終り、甘楽《かんら》の奥の処々の米蔵、佐久の馬の背につけた三升入の酒樽を悉く閑却したのである。

柳田国男が描くこれらの峠は、ほかでもなく、わたしの郷里信州佐久の盆地から見通されるものばかりで、それはまたちょうど信越線が中山道に沿って布設されつつあった一八八三年に起こった秩父事件の地図と重なりあい、多くの峠の終焉と事件が深く関わっているはずなのだが、柳田国男はなぜかそれには触れることなく、つぎのように述べている。

言ふ迄も無いが峠の閉塞の為に、山村地方の受くべき経済上の影響は非常に大である。山が深ければ農業一方の生活は営まれぬから、人をへらすか仕事を作るか、兎に角陣立を立直さねばならぬ。昔から山村に存外交易の産物が多かつたのは、正に道路

の恩恵であつた。袋の底のやうになつてから、更に里の人と利を争ふのは嘸苦《さぞ》しいことであらう。（傍点引用者）

碓氷峠にトンネルがうがたれることで、他の無数の峠が生命を閉じ、それに倍する山村は「どんづまりのムラ」として放置されることになる。背後に十石峠をもつ大日向村もそのひとつだ。山村が僻地化されたのが、鉄道の開通以後であること、そしてそこになんらの施策も行われていないことを、「峠に関する二、三の考察」はすでに明治四十三年にするどく見ぬいていたといってよい。

「人をへらすか仕事をつくるか」ともかく一刻も早く陣立てを立て直さなければえらいことになるぞ、と指摘する柳田国男の警告は、しかし為政者の耳にはとどくことなく、これら袋の底のような「どんづまりの村々」は、大正から昭和の初めにかけて、養蚕と製炭という景気に左右されやすい危険なモノカルチュアの道へ追いこまれていく。養蚕にしても製炭にしても、より多くの家族労働を必要とするため、山村の人口は年々膨脹していくばかりであった。

すでに見たように、「村税も集らない、信組が半潰れだ、差押へが来る、小作料は五年も滞る等々の惨状」で、「満州信濃村建設」どころか「青木村建設」の方が急務だという

『青木時報』の叫びは、昭和恐慌の波にからめとられた当時の山村のリアリズムだったであろう。

いま、地元紙『信濃毎日新聞』のバックナンバーを繰ると、昭和九年(一九三四)十月六日の紙面に、つぎのような三段見出しが躍っている。

〈滞納で動き取れず
　吏員総辞職す
　　大日向役場に兵事係り唯一人
　　　村長出県し指示仰ぐ〉

記事に眼をやれば、

松永助役辞職吏員怠業状態を続けている南佐久郡大日向村役場では兵事主任小須田兵庫氏一人を残し、収入役代理以下書記技術員全部辞表を提出してしまったので、急遽村会を召集、善後策種々協議の結果、村長助役の辞表を受理云々。

とあって、辞表を受理された村長は、県の地方課に今後の指示を仰ぐため県庁に出頭しているが、混乱の背景については、こう伝えられている。

今度の総辞職の原因は、(村税)滞納による窮迫から各種の金を教員給支払その他に流用し全く収拾することのできないジレンマに陥ったためらしく、尚改革を主張している強硬派一味は村政の暴露を徹底的に行うべく寄り〳〵協議中で、近く村政紊乱も表面化し重大問題が惹起するものと見られている。

それから数日おいて、同紙には、つぎのような二つの記事が掲げられている。

〈大日向村職務管掌に決す〉

南佐久郡大日向村では村長、助役、収入役全部欠員となったので、本県地方課では八日午後、県属竹村亮治氏をして職務管掌を行わしむることとして発令を行った。

ついで、こうも報じられている。

〈大日向の職務管掌〉

竹村亮治氏(地方課員)南佐久郡大日向村の職務管掌に九日夕刻来村、収入役は下高井郡平岡村出身の山田市之丞氏が任命され十一日着任。

この二つの記事から、大日向村の村政は、完全に破産宣告され、管財人が県庁から派遣されるという異常事態に追いこまれたことがわかる。いったい、村の運命はこれからどうなってしまうのか。

このとき、それから二年後、大日向村が「満州移民百万戸計画」の尖兵として、「満州大日向分村」に村民を二分して送出することで全国的に脚光を浴び、小説に芝居に、はては映画にまでなって喧伝されようと、だれが想像したであろうか。

だが、いま歴史を冷静にふり返ってみれば、破綻した村政が、県すなわち内務省の掌中にゆだねられたとき、ピエロのような、村の哀しい運命がきめられていたような気がしてくるのである。

わたしは明治十七年に起こった秩父事件のことを調べるために、十五年ほど前に、秩父から群馬にぬけ、神流川《かんながわ》沿いに山中谷《さんちゅうやつ》を歩き、十石峠をこえて、この大日向村に出てみたことがある。古老の話では、峠が生命を保っているころは一昼夜の行程だったというのだが、わたしの足では最後の北相木村まで三泊四日の行程になってしまった。

　神流川沿いに点綴する集落には、ほどよいところにいまでもさびれた旅館があって、かつて街道が栄えていたころのおもかげがとどめられている。じっさい、十石峠の名のいわれが、日に十石の米が流通したことによると聞くにつけ、往時、峠には茶屋が何軒かあって賑わったと聞くにつけ、わたしはこの国の近代化のなかでの鉄道の「暴力」を思わずにはいられなかったのだが、人の踏み跡のかき消された十石峠をこえて大日向村にたどりついてみれば、「どんづまり」と思っていたそこが、じつはむかし街道で栄えた駅村であり、小暗い山中谷から峠をこえて出たそこが「半日村」とよばれるような日蔭の村などではなく、文字通り西に開けた「大日向村」であることが実感された。

　上州・武州への窓として栄えた街道の駅村であったればこそ、峠をかけおりた古谷《こや》部落に、明治十七年当時、天保銭をつめた俵を積んで倉の二階への梯子代りとしたという豪家があって、そこに「秩父暴徒」の斧痕がきざまれていると知っても不思議ではなかった。

　そこから峠ひとつへだてた北相木村は、佐久における秩父事件の震源地のひとつであるが、当時の物産表を見ておどろかされたことがある。昭和初年のように養蚕と製炭にだけ村の経済がしぼりこまれているのではなく、生糸、薪炭はむろんのこと、竹細工あり藁製品あり、麦粟その他の雑穀、大豆、小豆、春は山菜、夏は岩茸、秋は松茸等々、数十品目が馬の背に乗せられて、村外に運ばれていっている。その品目のバラエティに山村の活力が感じられるのだが、それはとりもなおさず、当時日本列島をおおっていた毛細血管のような山村一般の健在ぶりを示していたといえぬだろうか。

むしろ不思議なのは、明治十七年の秋、秩父事件という形でふきでた山村のそのエネルギーが、それから半世紀後、国策という名の「満州移民」へと、この大日向村でも北相木村でも、いとも素直にそのエネルギーをからめとられていったそのことなのである。

二

さて、地元紙『信濃毎日新聞』に載った大日向村のその後の動向はどうなったのか。さらにバックナンバーを繰っていくと、明けて一九三五年二月、前村長は文書偽造、公金横領の科によって検挙され、十名の村会議員も辞表を出すという事態にまで発展していた。それはまるで、この国の国政のありようを反映したミニチュア版の観がなくもなかった。

村のこの混乱を収拾するにはどうしたらよいか、村の元老たちはよりより相談した結果、明治十七年の秩父事件当時、天保銭を俵につめて倉の梯子代りにしていたという伝説をもつ豪家浅川家の御曹子に白羽の矢をたてた。

浅川武麿(左)と堀川清躬

早稲田を出て東京で会社勤めをしていた弱冠三十五歳の新村長浅川武麿を、村人たちは「近衛文麿公」になぞらえて歓迎したふしがある。若い村長をかげになり日向になりして支えたのが、昔、浅川家に奉公して「武ちゃん」をおんぶしたこともあるという老練の産業組合専務の堀川清躬であったと、和田伝の小説『大日向村』は書いている。

じっさい、新村長浅川武麿のもと、大日向村再建への動きは活発にすすめられ、村の経済更生委員会が拡大強化されていったことは、八四頁の組織図が端的に語っている。

役場、農会、産組、学校による「四本柱会議」を執行部とし、千曲川の支流抜《ぬく》井《い》川に沿って東西十数キロにのびるこの細長い村を五つに輪切りにし、その下に部落ごとの十六の農事実行組合をおき、末端部落をさらに五人組によって固めるというこの組織図には、村再建への熱気が感じられる一方で、一歩まちがえると、息ぐるしいムラファシズムに傾く一抹の危惧をおぼえずにはいられない。

じっさい、大日向村経済更生委員会が動きだして半年もたたぬまに、二・二六事件がこの国の政治を震撼させる。

内大臣・元総理斎藤実即死、大蔵大臣高橋是清即死、陸軍教育総監渡辺錠太郎即死、侍従長鈴木貫太郎重傷……といった活字が新聞に躍り、まだ興奮さめやらぬ三月六日、二・二六事件の現場にほど近い一ツ橋の学士会館で第一次・第二次武装移民団の団長をまじえて「満州移民を語る」関係者の会議の行われた席上で、加藤完治は拓務省の担当官をつかまえてこんなふうにすごみをきかせる。

加藤　貴方はどんな人でも移民の多いのを希わぬ者はないと言われましたが、これは非常な認識不足です。資本家は移民を嫌います。苦力の安い賃銀で仕事をして貰いたいというガリガリ亡者ばかりです。高橋(是清)さんがその御大将ですなァ。……今度の事件などもそういう所に大きな原因があると思いますね。陸軍の軍人が高橋さんを

大日向村経済更生組織

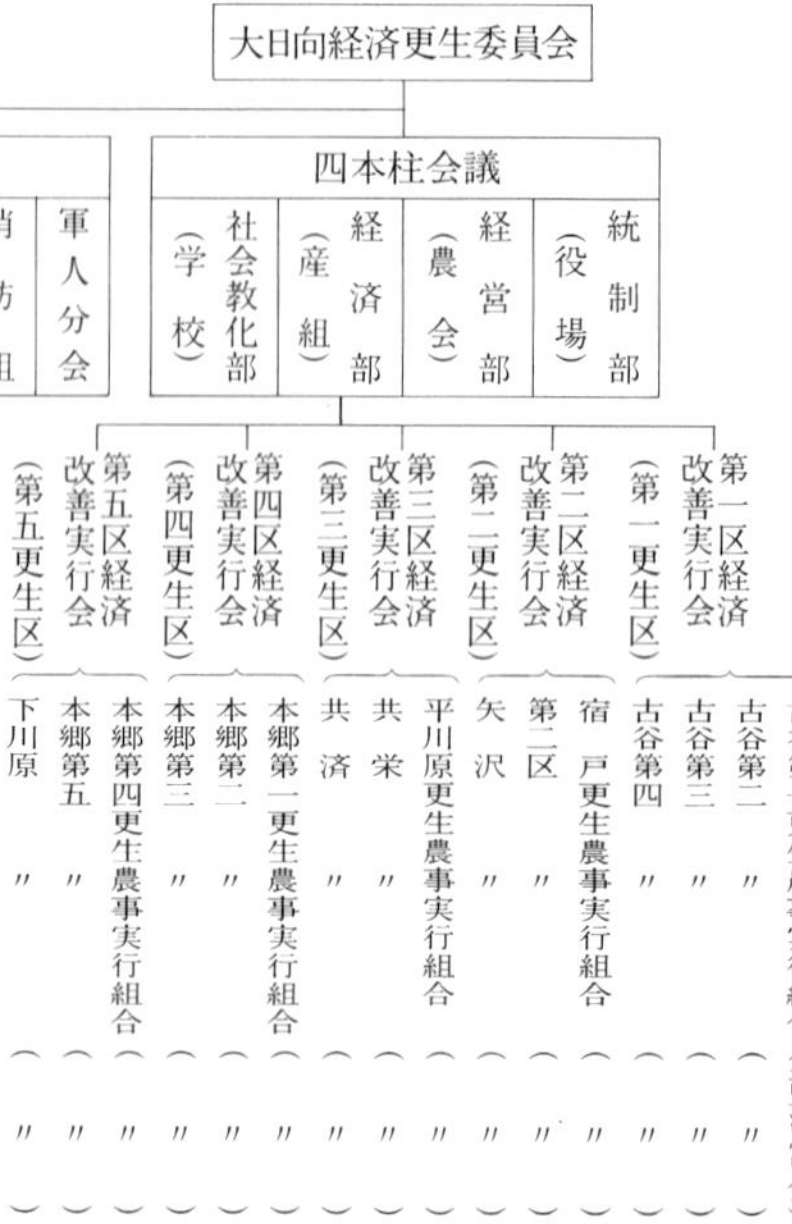

大日向村農事実行組合組織

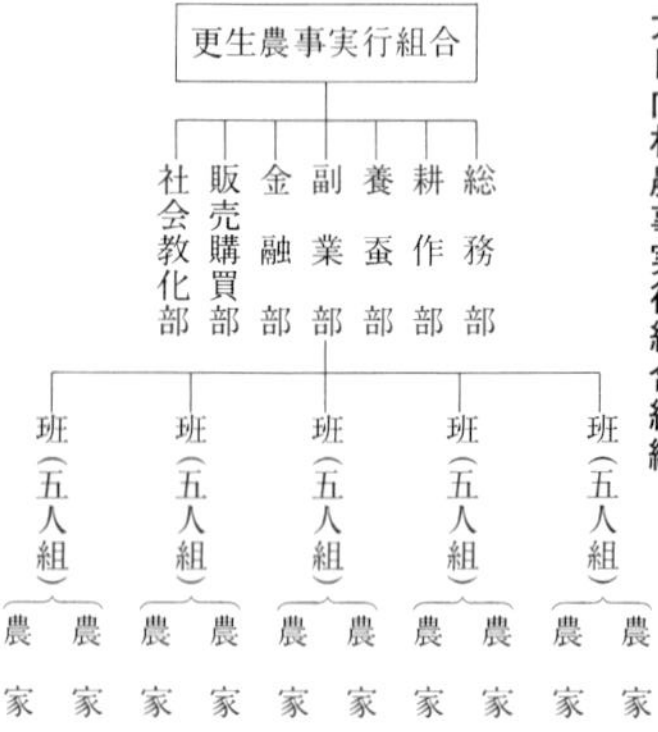

（『近代民衆の記録(6)　満州移民』より）

殺したのは、高橋さんが資本家の代弁者であったからです。…………（現地の事情が）分らないから調べなくてはと言ってる間に移民の熱が失われてしまいますから、先ずどしどし入れるということが日本国民の信念であると思ってもらいたいのです。その希望を達するためには妨げる者はいくらでも殺す……。（傍点引用者）

まるで、この会議は、二・二六事件の恐怖を背景にして、それまで行きづまっていた「満州武装移民」の隘路に一気に突破口を開くために、セットされたような趣きがある。こうすごむことで官僚の因循さを断ちきることが計算されているような会議の運び方がうかがわれる。

とはいえ、この段階では農村更生計画のなかに、まだ「満州移民」はくみこまれていないと明言した農林省の担当者と加藤とのあいだで、「満州開拓」の土地問題をめぐって、こんなやりとりも行われている。

田中　土地は？

加藤　土地の問題は反一円か二円で購入できるような所が多いですが、上ればできないじゃないかと言われるけれども、そういうことを言っておってはきりがないが、私は独特の考えでどんどんやってしまえばいいと思います。支那人や朝鮮人というものは、誰の土地だとか何とか言ってないでどんどん入ってやっている。そういう人間が多い所ですから、これは誰の土地で幾らなんてぐずぐずしていると、立遅れになってしまいます。第一次の自衛移民なんかも入ってから後で土地を買ったくらいで、初めから買って入ったものはないのです。土地を持っている人も知れないような所です、いずれ日本人が行かなければ朝鮮人か支那人に取られてしまいますから、そういう一つ腹で……。

田中 泥棒みたいですなァ(笑声)

加藤 彼方では日本の内地と事情が違うのです。そんなことを言えば戦争は駄目だということになります。戦争は大泥棒で、人殺しだから……。

田中 泥棒の親方みたいなものですなア(笑声)

これらのやりとりを聞いていると、少なくとも、この時期まで農林省は「満蒙開拓」にかなり及び腰であったことが推測される。じっさい、明治以来の北海道開拓ひとつとってみても、荒蕪の原野をきり開くことがいかに困難な事業であったかを知るものにとっては、「北満」の凍土に鍬を入れることの不可能を熟知していたからにちがいない。

「泥棒の親方みたいなものですなァ」

という農林省担当官のつぶやきは会場に笑声をよんだけれども、それは皮肉でもなんでもなくまさに本質をつくことばであり、会場は粛然とならなければならなかったはずなのだが、この本質は最後までヴェールをかけられたまま、国民の前には明らかにされなかった。

「開拓」ということばは、辞書を引かずとも、「山野・荒地を切り開いて耕地や敷地にする」ことの意であることは明らかだが、「満蒙開拓」とは、多くの場合、「現地住民の汗の結晶である既耕地を奪い住居を立ち退かせてそこに住むこと」であったとすれば、「満蒙開拓」ということばそれ自身が、ためにする詐りのことばであったということだろう。

二・二六事件の直後、加藤完治の面前に、

「泥棒の親方みたいなものですなァ」

と捨て科白を吐いた農林省の担当官の胆力は買うとして、抵抗はそれまでであった。この会議のなかで、おぼろげながら経済更生指定村になったような寒村から何十人かのまとまった移民を選出するという、いわば「分村移民」の発想の萌芽のようなものが発議されていることにも注目しなければならない。

そのころ、「北満」の一帯で「治本工作」とよばれる作戦がひそかに進められていたが、直接その指導にあたった関東軍参謀辻政信はのちにこう書いている。

治本工作というのは、山間に点在する農家を一地に集め、数十または数百軒宛で集団部落にし、土塁を作り、囲壁を設け、自警団を配置し、これらの部落を結ぶべき警備道路と、警備通信網を完備した。その部落の匪襲を知ったら、日本軍および満軍が整備された通信網と道路網で急速に封鎖し、討伐する。このようにして匪賊の根拠地を段々狭ばめて包囲線を圧縮すると、散在農家を唯一の糧道とたのんだ匪賊は、遂に悲鳴をあげだした。(『ノモンハン秘史』)

広大な沃野に散在する農家はガソリンをかけられて焼き払われ土塁のなかに囲われ、そこに生じた広大な農地が、「五族協和」の名のもと「満州開拓」のために準備されていたことなども、むろん日本内地には知らされはしなかった。

わたしは今から七年前、炭坑の街撫順《ぶじゅん》を訪れたことがあるが、郊外に格納庫のような巨大な施設があるのに案内された。なかに入ると地面に数知れぬまる焼けの屍体が掘り起こされたままの姿で保存されており、黒こげになった石油缶などもそのまま土中から掘りあげられている。

聞けば、十五年戦争の初期、この部落にゲリラが逃げこんだまま、関東軍への引き渡しが拒まれた結果、部落全体がガソリンをかけられて焼き尽くされた現場だと説明された。その夜、ホテルにもどって、さすがに喉に食事が通らなかったことを、いまでもおぼえている。

「満州」建国の背後に、どれほど多くの無辜の現地民が犠牲となっていったか、それらの事実をふまえることなしに「満州開拓」を語ると、たしかに疲弊した山村の貧しい生活から解き放たれた「理想郷」に話は傾くし、またそれらの事実をふまえずに敗戦後の「開拓団」の悲惨を語ると、涙のあとに「匪襲」への怨恨が逆に結晶して残ることになる。

「満州農業移民百万戸移住計画」が関東軍によって作成されたのは、一九三六年五月十一日、まさに、二・二六事件の衝撃さめやらぬときであり、軍の不祥事から国民の目をそらさせる効果をも同時に狙っていたにちがいない。そこに示された移住用地の予定地域はつぎのごときものだった。

(1)三江省地帯　三百万町歩
(2)小興安嶺南麓地帯　百万町歩
(3)チチハル以北松花江上流地帯　二百万町歩
(4)黒河瑷琿地方　五十万町歩
(5)旧北鉄東部線地帯　二十万町歩

(6)京図線および拉浜線地帯　八十万町歩
(7)大鄭線地帯　五十万町歩
(8)遼河下流地帯　五十万町歩
(9)洮索線地帯　五十万町歩
(10)三河地帯　五十万町歩
(11)西遼河上流地帯　五十万町歩
合計　一千万町歩

一千万町歩の膨大な土地に二十年間で百万戸の農家を、というこのスローガンは、さめた目でみれば、夢想妄想とよぶにふさわしいものであったろう。けれども、一戸あたり十町歩の地主になれるのですよという呼びかけが、経済更生指定村として負債と困窮にあえぐ大日向村の村民にどのように受け容れられていったかは、容易に想像することができる。

移住予定地がどのようにして準備されたのか、それはむろん、大日向村の農民には伏せられたままだ。だが、地図を広げて仔細にみれば、それがおよそ三つの狙いをもって線引きされていたことはおぼろげに浮かんでくる。満州国興農部の㊙資料でそれをみれば、おおむねこうだ。

開拓第一線地帯――主として関東軍に対する兵站基地、労力給源、軍馬給源、兵力給源、宿営拠点。

開拓第二線地帯――「匪民分離」の障壁、国内治安の防壁。

開拓第三線地帯――満鉄沿線、重要河川、重工業地帯周辺の防壁。

「満州開拓」移民の多くは、関東軍こそ在満日本人を防衛する楯と信じて疑わなかったが、ただ同然で与えられた十町歩の肥沃の土地と引きかえに、右のような役割をになわされていたことに気づくものは少なかった。

「満州転属」への不満を直接のバネとして青年将校群によって起こされた二・二六事件は、皮肉にも、「満州農家移民百万戸移住計画」を生んだ。そのとき、すでに、強硬な反対論者高橋是清蔵相を欠く広田内閣は、関東軍から出されたこの案を無修正で認め、帝国議会も右にならった。考えてみれば、河本大作・東宮鉄男によって張作霖が暗殺され、五・一五事件で犬養首相の生命と引きかえに武装移民が実現し、二・二六事件によって「満蒙開拓」計画は一挙に完成した、といえる。計画は初めから終りまで血で描かれたといえぬだろうか。

三

長野県で最初に分村計画に名のり出た北佐久郡平根村は、柳田国男の指摘した香坂越、志賀越の峠道を鉄道の開通によって扼殺されてしまった袋の底のような村のひとつであったが、幸か不幸か推進役の村長栩沢徳太郎の出征によって、計画は中途で挫けた。村長の出征もさることと、じっさいに開拓団募集に応募したものが数戸しかなかったことの方が、挫折の真因かもしれない。平根村は八年後、分村の過半数を死に追いやるという悲劇を招かずにすんだ。

平根村の挫折に代って、模範分村づくりのエースに仕立てあげられたのが大日向村であった。「近衛文麿公」になぞらえられた新村長、これを助けて自ら分村開拓団長の役を買って出た堀川清躬、この人の存在がなかったならば、この「移民の村」は誕生しなかったと想像されるほどに重要な役割を果しているが、いまでも、敗戦翌年の二月長春の難民収容所で発疹チフスのため五十七歳の生涯をおえた団長に、批判がましい言葉を向ける人は誰もいない。

「当時大日向村産組の専務理事をやっていてね。彼がいく気になったから行く人が増えたんですね。ほがらかな、体格のいい人で、始終にこにこしていてね。信用があったですよ。みんなついて後について行ったわけだ。団長を頼りにしてね」

これは山田昭次編『近代民衆の記録(6)　満州移民』のなかに入っている「大日向村満州移民聞き書き」にでてくる元団員のことばだが、わたしもまた、同じようなことばを、何人もの人びとから耳にしている。

大日向村からよりすぐった二〇名の第一次先遣隊が日の丸の小旗に見送られて、小海線の羽黒下駅を発ったのは、一九三七年七月八日のことだ。わたしはこの日付を見て、はっと思わずにはいられない。その前日、北京郊外盧溝橋をはさんで、日中間の全面的な戦闘が開始されたのではなかったか。

それは偶然の一致だったのか。そうではないだろう。大陸における全面戦争には豊かな兵站基地がなければならない。「満州農業移民百万戸計画」は夢のまた夢としても、初年度六千人の農業移民は緊急に必要だった。「満州大日向分村計画」はそのような時局の要請にもとづくモデルケースであったからこそ、小説に映画に演劇にと、「鉦と太鼓」で選出されなければならなかった。当時の村の雰囲気を、前掲聞き書きでうかがうと、こうなる。


「何しろ国策だからというんで国も力を入れてたからね。満州へ行って帰って来て、実際見た人がPRしたね。先遣隊の人達が宣伝していたです」

「(小)学校あたりでたびたび農林省からもってきた映画会をやったね。農林省の農村更生協会の林正美さんという人が常駐していたですよ。四本柱会議の企画等のこともやっていました。宣伝は何かあるたびにやりました。講演をやったり時たま帰ってきた人に話をしてもらったりしました。むこうの土地の様子等の話も聞きましたし、鹿の毛皮をもってきた時もありました」

先遣隊で派遣された若ものたちが千振の訓練所で見聞した現地の不穏な情勢については、きびしい緘口令がしかれていて、村にはよいことずくめの情報だけがフィルターにかけられてもたらされたと、当時を回想する元先遣隊員もいる。このとき、経済更生組織の末端に位置づけられた五人組がフルに活用され、区長から伍長をへて、バラ色の情報が村人に伝えられたかたむきがある。じっさい、総戸数四四〇に対して水田わずか四十九町歩、畑百七十町歩という耕地の少ない村にとって、「満州」には広大な沃野が待っていて誰でも「十町歩」の地主になれる、という呼びかけは蜜のようなひびきにきこえたにちがいない。

だが一方で、皮肉にも、日中戦争が全面化するなか、軍需景気がこの「袋の底」のような村に衝撃的にやってくる。その昔、武田信玄が目をつけたこともある鉛山や、江戸の末にたたら師の入っていた鉄山や、飛行機のプロペラに必要なクローム鉱が、大日向村の山中でにわかにクローズアップされてきたからである。

柳田国男が明治四十三年に、佐久の峠を歩きながら「人をへらすか仕事をつくるか」とつぶやいた予言が、皮肉なことに「戦争」を契機として大日向村民の前に同時に立ち現われることになったのだった。聞き書きは、その間の経緯をつぎのように語っている。

「村を捨てていくよりは鉱山で働いた方がいいという人もいて困りました。満州移民したってらちがあかないんだということで」

それは、山奥の村のリアリズムだったと思う。だが、時局にとってリアリズムは困るのである。

「学校を使って毎晩のように幹部が説得に回って歩いた。反対者のところは何とか説得して理解してもらわなきゃいけないという事でね」

山村のリアリズムは、結局国策という名の「大義」におしきられて行くのだが、畠山次郎『実説大日向村』によれば、昭和一〇年代の鉱山の最盛期には、鉄山とクローム鉱だけで約三〇〇名の従業員がいた。これに鉛山と硅石の従業員、さらに鉱山関連従業者を加えれば、ゆうに四〇〇名を越えるであろう。移民の労働力比率を五〇%とみて三〇〇名強。鉱山では、満州移民よりもはるかに多くの人々が働いていたのだ。この労働力を、大日向はもちろん自給できなかった。満州移民による戸数減の上、戦争の激化による働き手の徴兵、徴用もあったからだ。そこで、村外からの労働力が流入した。単身の勤労動員などは別として、家族持ちの鉱山労働者も多かった。

たとえ短い軍需景気の所産だったとはいえ、大日向村は村を分けて「満州移民」を選びとったために、この鉱山ブームにほとんど労働力を送りこめなかったのだ。『実説大日向村』の著者畠山次郎さんはこの村の生まれで、わたしとは佐久の中学で机を並べた間柄だ。のちに一ツ橋大学に進んで卒論のテーマに「満州開拓」をえらんだのも、和田伝氏の小説『大日向村』を射程に入れて『実説大日向村』を書いたのも、小学校に上るか上らぬかで「満州分村」の哀しい現実に立ち会った体験があったからにほかなるまい。それゆえにこそ、大日向村の移民と鉱山の関係を分析するなかで、「満州移民は徹頭徹尾、誰かが誰かをだましたのだ」と書いている一行が、書かずにはおれないことばとして響いてくる。
いま、「満州開拓団」の入植した旧満州地図に目をやれば、大日向分村の吉林省舒蘭県四家房《スーチアファン》は、開拓団入植地のなかで〝一等地〟だったことがわかる。ふたたび聞き書きにもどって、当時の事情を聞いてみよう。

「軍部と拓務省が中心となり、満拓公社の援助も大きかった。大蔵公望、那須皓、石黒忠篤、加藤完治、西村富三郎らのバックで年寄り、子どものことを考え条件のよいところを、と配慮し四家房を選んでくれた」

とAさんが語れば、Bさんもそれを裏づけている。

「国で、やはり分村であるので、できるだけ治安のいいところに入れようと選んでくれた訳です。しかるべき鉄道の沿線であり、便利なところでもあり、非常に恵まれたところに私たちは入った訳です」
「開墾地のある立派なところ。開拓してないところはほとんどないでしょう。広々とした水田を見渡す限り、山もこんな高い山はなかった」

とAさんがつけ加えれば、先遣隊として入ったBさんはつぎのように補足する。

「土地の買上げはすっかりすんでいた。入植前に耕作していた朝鮮人の一部はまだ私たちのところに残っていましたが、もう全部土地では会場を設け移る準備をしていた。彼らは、しかるべき山の中へ追いやられた恰好ですね。(去って)行った人達は、今までそこで小作していた人たちと自分で地主をしていた人です。全部土地を買収されてちがうところに移ったのです」

土地買収の実態は、移民の眼から遠ざけられていた面もあるが、実態を見すえる眼もまた移民は失っていた面もあったろう。さすがに、団長堀川清躬自身は、母村の村報に「村を立退く満人たちに一掬の涙なきにしもあらず」という感想をよせている。この感性が、かろうじて堀川清躬という個性を支えていたのでもあろう。聞き書きのなかの、BさんやDさんのつぎのようなことばがきこえてくる。

「清躬さんは偉い人だった。朝鮮人は新日本人といっていばっていたようだが、清躬さんは人種差別を頭におかず、五族協和に努めるよう指導しました。……あらゆるものに徹し、すべて熱心だった。炭焼きの技術を改良するにも、ただ口だけで言うのではなく、自分でまずやってみてから、皆に教えていった。そういう人ですョ」

「下の人をひっぱってゆく人で、〝個人主義は絶対ダメで皆が力を合わせてゆかないとこのシャバはよくならない〟というのがあの人の信念だな。人をごまかすとか、だますとか、そういう事は絶対にしない人だった」

敗戦前後のあの酷薄な状況をともに体験してきた人びとが、堀川清躬像を語るときだけは、どこか語調が柔く変ることを、わたしは感ずる。じっさい、入植後三年にして個人営農にきり替えられた四家房大日向村は、歴史の時間を停めてみれば、そこだけには理想郷が築かれつつあったといってよいだろう。堀川清躬の無類の誠実さがあったればこそ、モデル分村のリーダーたりえたであろうし、それがまた、多くの人間を動かして、四家房という一等地に、「満州大日向村」を定着させることができた。

だが、モデル分村なるがゆえに、ふりあてられていた役割があって、堀川清躬すらその役割に気づかされていなかったという点でいえば、「人をごまかすとか、だますとか、そういう事は絶対にしない人」だったがゆえに、逆にもっと巨大な存在にだまされていたのではなかったろうか。

四

資料をくまなく捜したわけではないが、「王道楽土」「五族協和」といったスローガンが突然多く使われはじめるのは、「満州移住百万戸計画」が発表され、その先鋒隊として大日向分村が海を渡るころからであるような気がする。

大日向分村の送出とともに、長野県では、「農村経済更生」はすなわち「満州移民」とされ、誰一人それを疑わぬような空気が醸されてしまっていた。

テキもさるものだ。蜜のように甘い条件は「第七次大日向分村」にのみ与えられ、次の富士見村からは「第八次計画」に位置づけられ、いずれも「一等地」を与えられるというわけにはいかなかった。大日向分村につづく長野県下十分村の配置図をみれば、

富士見村　浜江省木蘭県王家屯
川路村　〃　〃　老石房
泰阜村　三江省樺川県大八浪
読書村　〃　〃　公心集
千代村　〃　湯原県窪丹崗

久堅村　　〃　通河県新立屯
伊那富村　北安省徳都県南陽屯
落合村　　〃　〃　東和
樒川村　　浜江省木蘭県　蘭花
三岳村　　三江省樺川県　田録

となっており、いずれもソ満国境により近い防衛の最前線に配されたことがわかる。いずれも母村は「袋の底」のような村々であり、養蚕と製炭に生活の拠りどころを見いだす以外になく、それゆえに「経済更生指定」という破産宣告を国からつきつけられた村々であり、母村再生のため、国や県からなにがしかの助成金を引きだす代償として、「分村計画」をつくりあげなければならなかったとすれば、それはもう、人質政策のようなものではなかったかとさえ思われてくる。

下伊那郡泰阜《やすおか》村も、長野県下では「満州移民」の村としてひろく知られているところだが、静岡の県境に近いこの村に、わたしはこんど初めて行く機会をえた。

新宿から飯田まで、急行で五時間、しばらく待って、飯田から鈍行で一時間、温田《ぬくた》という駅に着いたときには、家を朝のうちに出たというのに、もう中央アルプスの西の空は赫く染まっていた。

諏訪湖に端を発する天竜川というのは不思議な川だ。伊那の盆地をゆったりと流れて、田畠をうるおしていた水が、飯田をすぎるころから、前方に立ちはだかる山に向かって流れ上っていくような錯覚をおぼえる。そこに、天竜峡という深いV字渓谷を川が彫りあげているゆえんだ。したがってまた、天竜川はその東西両岸に山地のような河岸段丘を形づくってきたわけだが、段丘に点在する村々は、これすべて昭和恐慌のなかで、経済破綻に追いこまれ、多くの村民を「満蒙」に送ることを余儀なくされた地帯だ。当然なことながら、天竜川沿いに、多くの中国残留孤児・中国帰国者が多いゆえんだが、わけても泰阜村はいまなお、中国に残留者をもつ、いわば昭和恐慌の傷痕を深くのこし、いまなお戦争と戦後が終っていない哀しい村のひとつだということを頭において、温田の駅におりてみると、そこに村役場の住民課長さんが車で迎えにみえてくださっていた。

挨拶もそこそこに、そして泰阜村のたたずまいについてはまたあとで村の現在として触れることにして、さっそく、「第八次大八浪《ターパーラン》泰阜村開拓団」送出前後の歴史の時間に入っていってみよう。

幸いなことに、ごく最近、上下二巻の『村史』が編まれ、なおまた『後世に伝う血涙の記録――満州泰阜分村』という貴重な記録が関係者たちによって上梓されているが、さしあたって、小林弘二『満州移民の村——信州泰阜村の昭和史』が、その実態を明らかにしてくれている。

はたして、この村もまた経済更生指定村であった。大日向村分村の刺戟・影響は強く、「バスに乗りおくれまい」という競争心理も働いてか、一九三七年には村役場の書記倉沢大発智《だいはち》を現地視察に派遣しているが、のちに彼自ら、泰阜分村の団長になるきっかけとなった。

泰阜村の第一次先遣隊は、大日向村におくれること一年、一九三八年七月のことだが、現地訓練所で六カ月の訓練をおえた先遣隊に割りあてられた場所は三江省樺川県大八浪という土地であった。いま地図を開いてみるとその近くに八虎力《パーフリー》という地名が目に入る。大八浪と八虎力とは、まるで重なりあっているほどの近さだ。かつて八虎力がパルチザン謝文東派の根拠地であったことを思えば、大八浪に入村したときに、泰阜村分村の七年後の悲劇は運命づけられていたといえるほど、ここは日本側の土地取得に対する抵抗がかつて燃えた場所なのだった。

大日向分村におくれること一年にして、すでにこれだけの差があった。それだけではない。日中戦争の進展は、信州の山村に微妙な変化をもたらしていた。一時は貫二円以下にまで落ちこんでいた繭がこの年には昭和になって最高の高値を示して、養蚕の村泰阜の人びとの心を揺がせたし、軍需景気が動きだすことで、農村の過剰人口はふたたび名古屋や豊橋へと吸収されはじめ、分村の中核たるべき壮丁に召集令がまいこみはじめていた。泰阜分村計画に、これらの変化が大きなブレーキになっていったことは否定できない。泰阜村開拓団の名簿で送出状況を追うと、第二次先遣隊十九名が一九三九年三月に村を出発、第三次三名、第四次三名、第五次八名、第六次九名とさみだれ式につづき、十一月になって第一次本隊が出ているがそれもわずかに十二名というように、大日向村のようなはなばなしい送出風景とはいちじるしく趣きが変ってきているところに、右にのべた状況の変化が映しだされている。

十二月も末になったころ、拓務省、農林省、県庁、三井報恩会、農村更生協会、満州移住協会らのお歴々が村に現われ、役場との懇談会で、「第八次分村計画ハ昭和十四年度中(昭和十五年三月末)ニ完了セザレバ、助成金ノ交付ヲ減額スルコトアルニヨリ、至急送出ヲ完了セヨ」と、冷たく厳命されたのは、村当局者には青天の霹靂とひびいたにちがいない。村の狼狽はつぎのような記録として残されている。

最初計画樹立当時ハ五ケ年計画ナリシモ短縮シテ三ケ年トナシタルモノナレバ、十六年三月末日迄ニ送出スルコトニセラレ度旨、歎願シタルモ、国ノ方針ナルニヨリ如何トモ致シ難キトノコトナルニヨリ、若一《ママ》送出スルトシテモ現地ニ入植シテモ入ルベキ家屋ヲ如何ニスベキヤトノ問ニ対シテモ、責任ヲ以テ支障ナカラシムルトノ御答デアリ、又如斯短期間ニ送出スルトスレバ、移住者ニ対シテ共援スル金ノ支出ハ村ニ於テハ出来得ザル旨開陳シタルニ、諸君ハ人間ヲ出サズニ於テ金ガ無イト言ハレルガ、移住スル人間サヘ出セバ金ハ如何様トモ融通スルトノコトニテ、何レモ取リ付ク島モナク、不止得昭和十五年三月末日迄ニ、内地訓練所ニ入所シタル者ハ、渡満スルモノト看做シテ処理セラルルトノ了解ハ得タルモ、本年ハ余日モ無キ故、明春早々活動スルコトトシテ、各村悲壮ノ面持ノ内ニ散会シタリ

役場に現われたお歴々が、江戸の悪代官か高利貸を彷彿させるのは、記者の怒りのゆえではあるまいか。そういえば、弘化年間、「南山騒動」と呼ばれる百姓一揆があって、三十六カ村の農民が結束して悪名高い陣屋奉行務川忠兵衛を屈服させた誇り高い歴史を、この村はもっていたはずだ。

だが、秩父事件がそうであったように、南山騒動のエネルギーも、泰阜村には引き継がれず、村当局は、暮も正月も返上して、奔走した結果、二二九名を期限ぎりぎりまでに八ヶ岳訓練所へ送りとどけた。

「此ノ募集戦ハ言語ニ尽シ難キモノアリ」と『分村経過』の記者は、その口惜しさを表現している。二二九名のなかには、たとえばわずか十五歳の森下武治という少年が戸主として名を連ねているが、彼は泰阜村の数少ない生き残りとして、のちに仕事のかたわら『後世に伝う血涙の記録―満州泰阜分村』の編集の激務にたずさわるとともに、よく泰阜分村の中国残留者に献身的な手をさしのべることを率先してやりつづけた人物だった。『記録』が完成したその直後、癌におかされて五十半ばで世を去ったが、その森下さんが、『満州移民の村』の中で、渡満当時のエピソードを、こう語っている。

八ヶ岳訓練所に向けて門島駅を出発するとき、知人から、「坊やも行くのか、歳になっていないから駄目だろう」と言われた。たまたま見送りに来ていた村長がそれを聞いて、「分っているからだいじょうぶだ」と、代って答えた。

訓練所到着後の点呼のとき、姓名と生年月日を告げることになった。ほんとうの生年月日を言ったら、「お前は自分の生年月日も知らないのか」と、どやされた。村人が「黙っておれ」というので、そのままにした、と。

哀しさをこえて、残酷なエピソードというべきではないか。いったい、だれがだれを、この場合だましたことになるのだろう。

「満州開拓団」の名簿を見ていると、シベリアの収容所で亡くなっている人も多いけれども、現地召集された男性の生存率は、老幼婦女子にくらべて圧倒的に高い。森下武治さんも敗戦の年ちょうど二十歳、四月に応召となった彼は、泰阜分村中、もっとも早く祖国に帰ることができた人だ。

五

泰阜村にはもう一度どうしても戻らなければならないが、ここで、第1章でふれた宮本実さんの父賢平さんの所属していた第十次東索倫河埴科《はにしな》郷開拓団へと目を移す必要がある。なぜなら、泰阜村に見られるように、もはや、一カ村の分村形式にはどうしても無理があることが露呈して、長野県が送出する開拓団の主流は郡単位の編成にきりかえられていったからである。

東索倫河とは、埴科郡関係者が入植した現地名で東ソロンホと発音する。そこはかとなく花の香りがただようような地名だが、じっさい、凍土が溶けて、おそい春がやってくると、すぐ隣りには夏がひかえており、なだらかな丘が黄色い花でうめつくされた。先遣隊長として、そこに初めて足を踏み入れた斉間新三さんもまた、第十次東索倫河埴科郷開拓団の数少い帰還者のひとりで、最近老骨にムチうつようにして、団の記録をまとめる役割を果した方だが、その記録には『果てしなく黄色い花咲く丘が』という少女を思わせるような題名がつけられている。

とはいえ、題名とはうらはらに、そこには第十次東索倫河埴科郷開拓団の成り立つまでの困難な過程が苦渋にみちた筆で書かれている。

埴科郷の発足は、一九四〇年九月十二日、郡の町村長会の席上で決められた。

最高指導者を各地区の総指揮官として、どうでも町村の責任において先遣隊の送出に当るようにとの高姿勢で運動は進められたが、自ら志願する者は殆んどなく、結局はどの町村においても指導者の感度でリストアップされた、個人の面接いや折衝というよりも説得強要をすすめるほかなかったというのが実態であった。

じっさい、埴科郷建設本部長名で出された次のような通達には、当時の空気が如実に示されている。

○入植希望者アルモ本人ノ母妻等ノ引留アルタメ送出ヲ阻害スル点少ナカラザルニ付、

婦人団体等ヲ通ジ婦人ノ認識高揚ニ努メラレタシ
○経済的地位又ハ部落ニオケル地位等低キト思ワルル者ノミヲ対象トシテ勧誘送出スル場合ハ今後ノ送出ニ相当ノ困難ヲ伴ウモノアルト予想セラルルニ付、部落ノ中堅人物ノ送出ニツイテハ……本人ノ希望ノ有無ニ拘ラズ懇請シ相当犠牲的ニ送出セラルル様特別ナル配意相成タシ
○送出ノ促進ハ町村当局者ノ熱意如何ニアルヲ以テ当局者自ラガ渡満セントスルガ如キ熱意ヲ以テ送出ニ努メラレタキコト

右条項の第二項によって、当時五加村青年団長だった斉間新三さんに、先遣隊長としての白羽の矢が立った。

母と兄に相次いで先だたれて、老父一人をのこす斉間さんは、固辞しつづけたけれども、「猛烈な圧力」を感じながら、最終的に引き受けざるをえないところに追いこまれた。信望厚い青年団長をくどき落とせば、その影響力で補充先遣隊員をも集められるだろう、そんな計算があったのかもしれない。各町村から最終的に選出された十四名のなかには、あの宮本実さんの父賢平さんの名も含まれている。

先遣隊が訓練を終えていよいよ渡満するという直前に、ようやく、団長と四人の幹部が

決定したのを見ても、分村方式よりも分郷方式はさらに送出がむつかしかったことがわかる。そのむつかしさを克服するには、各町村の成績を競いあわせる手法も使われたようだ。分村の場合には、残るものの行くものの双方に存亡がかかる。分郷の場合には、郡・町村の規模であるため、それだけ責任の所在がぼやけるということもあったろう。分村の場合、母村の経済更生というひとつの目標もあった。分郷の場合、もはや国策にどれだけ町村が沿いうるかという体面の競いあいでしかないような無責任さが、以後、東索倫河埴科郷の建設を悩ましつづけることになる。

補充先遣隊もさることながら、本隊送出までも、「さみだれ式」に行われ、目標の二百戸はおろか、ついにこの開拓団は百戸をこえることもできず、敗戦時の戸数九一戸、二八八名という小開拓団にとどまらざるをえなかった。

黄色い花咲く丘、東索倫河は、地図でみると、大八浪泰阜村などよりさらにソ満国境に近く、国境の街饒河まで数十キロといった劣悪な立地条件であった。

団員には套筒式歩兵銃が渡り、チェッコ軽機関銃二挺が配備された。若い婦人たちにも射撃訓練が行われた。

と警備指導員平林正直さんは記し、さらにこう書いている。

ある日、各団の団長と警備指導員が召集を受けた。大きな講堂の中央に埴科郷開拓団の地型を砂で造り、山あり河あり林あり湿地あり部落あり、見事なパノラマであった。砂上戦術の用意が整っていたのである。指名を受けた私は前へ進んだ。参謀は「情況」本〇日午前〇時戦車を含む敵歩兵部隊が国境を突破し、軍用道路を宝清に向い前進中、警備指導員の処置如何を問われ、各部落を本部部落に集結し、大索倫河へ斥候の派遣、本部の東丘陵地帯に散開して敵を迎え射つ態勢に駒を配置した。敵は軽舟車を先頭にこの散開戦を突破するので本部部落内に後退、銃眼より応戦、この時北入口より戦車をもって障害物を突破された。団は手榴弾を持って「突撃」、情況終りであった。別に之に対し細かな講評はなかったが、最後まで死守せよとの大きな暗示であった。

そのとき、平林正直さんは、「こんな事が絶対にあってはならない」と腹のなかで思ったと書いている。が、「絶対にあってはならないこと」が、東索倫河埴科郷開拓団には、近づいてきていた。そのことを、誰よりも早く知ってか、いち早く去っていったのは、五加村助役として団長に推され、老体にムチうって「北満」の酷寒を二度は越した宮本正武団長であった。『果てしなく黄色い花咲く丘が』は、この老団長の身勝手な行動にもあえて批難をあびせてはいない。団長不在の一年有半を耐える以外になかった団員たちの寂寥がそこから浮かんでくる。

現地からの再三にわたる要請にもかかわらず、建設本部も、県も郡も町も村も、新しい団長を選べず、手をこまねいているばかりであった。それはそうだろう。新団長を選ぶことは、もはやこの段階になっては「死地」に追いやることが、少なくとも「人をだます側」には微かにでもわかっていたであろうから。

新団長の選出は、現地の総意で斉間新三さんが急遽帰国するなかですすめられた。五加村小学校長池田健太郎は四十七歳の働き盛りであった。半日話しあったあと、池田校長は、「これまでぼくも多くの子どもを義勇隊に送ってきました。いつかは行かねばなるまいと思っていました」と言って、その場で承諾した。むしろ難関は県と教育会かと考えて、おそるおそる伺いをたてると、二つ返事でOKが返ってきた。信州白樺教育の流れをくむ最後の教師であり、クリスチャン校長であることはのちに知ったが、そのとき斉間さんには「池田先生は信濃教育会にはよく思われていないのだ」と思われたという。池田健太郎の団長としての赴任は、もう戦争も押し迫った一九四三年十一月二十七日のことである。

「これまでぼくも多くの子どもを義勇隊に送ってきました。いつかは行かねばなるまいと思っていました」という池田健太郎のことばが気になる。彼は、死ぬために「満州」に渡っていったのであろうか。いやそうではなく、「子どもたちを生かす」ために彼が東索倫河へ渡っていったことが、『果てしなく黄色い花咲く丘が』を読むとわかってくる。

『長野県教育史』の資料編のなかに、つぎのような二つの番付表がおさめられている。校長池田健太郎の在籍していた埴科郡は、この青少年義勇軍送出番付のなかでは、前頭筆頭に位置づけられている。

満蒙開拓青少年義勇軍郡市別送出番付表

（昭和17年4月1日現在）

東				西		
			蒙御免			
横綱	下伊那郡	六七五	取締役 長野県	横綱	東筑摩郡	五四一
大関	諏訪郡	三七九		大関	上水内郡	三五六
関脇	上伊那郡	三四三		関脇	小県郡	三二一
小結	北佐久郡	二四六		小結	更級郡	二四〇
前頭	埴科郡	二四〇	勧進元 信濃教育会 各郡市教育会	前頭	南佐久郡	二三九
同	上高井郡	一八八		同	下高井郡	一八七
同	北安曇郡	一五九		同	下水内郡	一四九
同	南安曇郡	一三四		同	西筑摩郡	一三〇
前頭	松本市	八六	年寄 拓務省 満洲移住協会 信濃海外協会 義勇軍父兄会	前頭	飯田市	五六
同	長野市	五〇		同	上田市	二七
同	岡谷市	二二		合計		二二四六
合計		二五二二		総計		四七六八

満蒙開拓青少年義勇軍府県別送出番付表

（昭和17年4月1日現在）

蒙御免

取締役　拓務省開拓総局　長野県

勧進元　満蒙開拓青少年義勇軍本部

年寄　満洲移住協会　満洲拓植公社　南満洲鉄道株式会社

東

番付	府県	人数
横綱	長野	四七六八
大関	山形	二九二七
関脇	福島	二三〇六
小結	静岡	二二四七
前頭	新潟	二一二七
同	栃木	二〇四三
同	石川	二〇〇九
同	岐阜	一八八二
前頭	茨城	一五八四
同	宮城	一五〇六
同	埼玉	一四六六
同	岩手	一四二九
同	群馬	一三九四
同	山梨	一二八六
同	東京	一二六三
同	福井	一二五九
前頭	愛知	一二一二
同	青森	一一三六
同	富山	一一三四
同	北海道	九八〇
同	秋田	九七二
同	千葉	六〇〇
同	神奈川	二八三
同	朝鮮	二〇六
合計		三万八〇一九

西

番付	府県	人数
横綱	広島	三一六三
大関	熊本	二一六三
関脇	山口	一八三八
小結	香川	一七四六
前頭	鳥取	一六六四
同	鹿児島	一五五〇
同	愛媛	一五四六
同	岡山	一四六九
前頭	徳島	一四〇八
同	大阪	一三六四
同	兵庫	一二四八
同	大分	一二〇三
同	佐賀	一一七四
同	和歌山	一一四二
同	京都	一一三〇
同	宮崎	一一〇四
前頭	長崎	一〇五四
同	島根	九九五
同	滋賀	九五四
同	三重	九一一
同	高知	八四八
同	福岡	八一二
同	奈良	八〇〇
同	沖縄	五〇〇
合計		三万一七八六

総計　六万九八〇五

第4章　流亡の賦

泰阜村開拓団(『後世に伝う血涙の記録——満州泰阜分村』より)

一

わたしの郷里長野県から「満州」に送出された開拓団の総数は一〇八、人員総数は三万三七〇〇余名、それは、全国から送出された「満州移民」約二七万名のなかで、断然突出するほどの数となっていることについては、先に触れた。

いま、『長野県満州開拓史』の「名簿編」によって、その送出の態様の変遷に目をやれば、そこに時代の変化を読みとることができる。

初期「武装移民」の段階には、第一次弥栄村にはじまって、第二次千振村、第三次瑞穂村とつづき、第七次西弥栄村まで、全国規模の在郷軍人を中心とする移民団に、長野県からも積極的な参加があったが、その規模はせいぜい十戸から三十戸、人員は家族を含めて五十人から百数十人程度のものであった。

この試験移民の成果をふまえて、長野県は日中戦争の始まるころ、県単独の「全県編成開拓団」送出にのりだしていくが、その規模は、試験移民時代とは比較にならぬほど大型化していく気配だ。送り出された四つの大型開拓団の名簿に目をやれば、

第五次黒台信濃村開拓団　戸数三五七、人員一六一〇人

第六次南五道崗長野村開拓団　戸数三〇三、人員一三七一人
第七次中和鎮信濃村開拓団　戸数二八二、人員一一六四人
第八次張家屯信濃村開拓団　戸数二六五、人員一二二三人

となって、その規模は戸数三百前後、人員は千数百名をもって、一村を構成するほどの規模になっている。参加者はほぼ全県にわたっているが、大半が養蚕の壊滅した山村からであったことが、その名簿からうかがわれる。

全県編成の混成広域開拓団には、その募集の方法といい、編成の経過といい、幹部の構成といい、「満州」での新たな村づくりにとって、さまざまな点で困難が伴ったことは容易に想像される。次に打ちだされたのが、一村規模の「分村移民開拓団」であり、そのモデルケースがすでにみた第七次四家房大日向村開拓団であった。十二におよぶ分村は、つぎの通りだ。

第七次四家房大日向村開拓団　戸数二一六、人員七九六人
第八次富士見分村王家屯開拓団　戸数一八五、人員九三五人
第八次老石房川路村開拓団　戸数一三四、人員五五二人
第八次大八浪泰阜村開拓団　戸数二一九、人員一〇六七人
第八次公心集読書村開拓団　戸数一五四、人員七二二人

第八次窪丹崗千代村開拓団　戸数一〇九、人員四六五人
第八次新立屯上久堅村開拓団　戸数一六九、人員八一一人
第十次南陽伊那富村開拓団　戸数四五、人員一八二人
第十一次旭日落合開拓団　戸数九三、人員二〇二人
第十三次蘭花楢川村開拓団　戸数四一、人員一八八人
第十三次石碑嶺河野村開拓団　戸数二四、人員九五人
第十四次推峯御嶽郷(三岳村)開拓団　戸数三〇、人員三〇人

この一覧からも、分村計画の当初は目標戸数二〇〇〜二五〇、人員七〇〇〜一、〇〇〇という数字が、回を重ねるにつれて減少、衰弱していくさまがわかる。そもそも、古来からの自然村的成りたちの山村を、その母村の更生を目ざして二分することの無理が、その数字の背景にあったとみて、見当違いではないだろう。国策としての分村計画の破綻を示すものであった。

この破綻をどうやってつくろわねばならなかったか。村単位がだめなら、郡単位にもどそう。こうして全県十四郡を競わせる形で、二十四の分郷計画が、敗戦のその年まで無理に無理を重ねて推し進められていった傾きがある。東索倫河《ソロンホ》埴科郷の場合もまた、その例外ではありえなかった。どのようにして、無理が重ねられていったかを、埴科郷の自分史

ともいうべき『果しなく黄色い花咲く丘が――第十次東索倫河埴科郷開拓団の記録』の記述によってみていきたい。

昭和十五年九月の半ば過ぎ、秋蚕の片づいた所へ埴科郡の町村長会から「埴科郷の建設に当って相談があるから来てくれ」という急な使いを受けたので、直ぐ事務所へとんだ。主任の坂口さんは私を見るなり席を立って来られて「折り入ってのお願いもあるから外で話しましょう」と直ぐ近くの柏屋の奥の一室へ案内された。

と書いているのは、当時、五加村青年団長として信望をあつめていた斉間新三氏(当時27)である。折り入ってのお願いとは、開拓団幹部として渡満してほしいという要請であった。四年前、母と兄を相ついで失った斉間青年は、東京から呼び戻され、父を扶《たす》けて農業を営むかたわら、青年団活動の中で農村のあるべき姿に取り組みはじめていたばかりで、寝耳に水のこの要請を固辞した。

「無理は万々承知だが発足が大事だから是非頼むよ、長いこと居てくれとは言わないから。土台を築くまで辛抱して貰い度いんだ……」

という坂口主任の懇望に、斉間青年は、

「この話は無かった事にして絶対漏らさないでほしい。行く訳にはいかない代りに、その分まで協力は惜しまない積りです」

こう言って、振り切るように別れたその四、五日後、県経済部出張所長から呼び出しがあった。

所長室を訪ねると矢島さんは笑顔で迎えてくれたが、開口一番「有難とう。君のお蔭でものになったよ。だがこれからが問題なんだ。各町村とも目安も立たないらしい。どうしても君に決断して貰わにゃァならないんだよ」とあの温厚な矢島さんが、珍らしく語気を強めて真向から切り出された。

ここでも、斉間青年は家庭の状況などを説明して固辞するのだが、所長は意外な搦《から》め手《て》から切りこんできた。二年前、県は青年団幹部の「満州視察団」に斉間青年を加えていた。

若者の眼に、「満蒙開拓」は農村問題の解決策の光りと映じていた。

「君の視察報告も聞いてるし、その後の動きも見ているが、君は自分の言った事を反古にする様な人間ではない。埴科郷を建設すべきだと言い切ったのは君だからね……」

二年前の発言を言質として、青年のアキレス腱を抑えるようにして、老練の所長は、なおも説得の矛先を緩めなかった。

「君が起《た》ってくれるなら、私だって黙って見ていやしない。どうしても青年が先頭に立たなければ出来ない仕事だ。君なら屹度《きっと》出来る。是非頼むよ。やるさ、世紀の事業じゃないか……」

執拗なまでの要請を最後まで拒みながらも、斉間青年はこんなつぶやきをもらしていた。

「仮に私が行くとしても幹部では行きません。骨を埋める覚悟で先遣隊の先頭に立つでしょう。生死を共にする仲間意識こそ、十分力を発揮させるでしょうし、その方が性に合ってますから」

まさかこの言葉通りに事が運ばれるとは、誰が予測し得たであろうか。運命のいたずらは私の人生を大きく変える岐れ道を、この時の二人の対話から引きずり出していたのでした。

狭い農村では、噂は本人の先を行く。秋祭の近いある日、年老いた父が言った。

「厭なことを聞いて来たが、お前満州へ行くって本当か、人がそんな噂してたど……」

「とんでもない、俺行かれっこねえじゃねいかい」

と答える息子に、父は低く言った。

「ここんとこ大事な時だから自重して余りとび廻るなよ」

昨冬(一九八五年)、細かい雪が霏々《ひひ》として舞う日、わたしは信州戸倉町の上徳間に、斉間新三さんをお訪ねした。おそらく、斉間さん自身、昭和十五年当時の父親よりずっと齢を加えているにちがいない。頭に霜の多くなった斉間さんは、四十五年前をふり返るように、当時の心境を語るなかで、埴科郡が県下で開拓団送出の最もおくれていた郡であったことが、言い知れぬ圧力になっていたこと、そして、あまり頑健でない自分に対して「あんたはそんな体だから軍人としては役に立つまい」と言われたことが決定的だったと回想してくれた。青年は誠実であればあるほど、重い心をかき抱きつつ、先遣隊長として若者の先頭に躍りでていかずにはいられないところへ、自らを追いこんでいった。

父は「お前もそういう気になったかやァ……」只一言ぽつりと口にしただけで反対はしなかった。国のため郷土のためなら止むを得ないと判断したのだと思う。叱ってくれない父に心は痛んだが、一番切なかったのは妻の実家へこの話をしに行った時である。どうしても門口から中へ入れず二度も引き返し三晩目にやっとお詫びした……。

二

武装移民第一次弥栄村以来、「満州開拓団」の入植式は二月十一日の紀元節の日という不文律ができあがっていて、斉間新三さんを隊長とする埴科郡開拓団先遣隊が「東北満」の涯、東索倫河に入植したのは一九四一年(昭和一六)二月十一日の寒風吹きすさぶなかであった。二十五名の隊員は二台の馬橇に分乗して入植地へと進んだが、深雪に妨げられ、予定地の入口で辛うじて入植式を終えた。

「斉間君、こりゃ偉い事だわナー、我々の想像の及ばなかった所だが、この実状を知ったからには迂闊に人は送り出せない。余程しっかりした者を選ばないと、反って邪魔になる。こりゃ大変な事だぞ……」

入植式に内地からかけつけてくれた飯島村長が嘆息まじりに「こりゃ大変な事だぞ」と何度もくり返したという。すでにそのとき、心ある人びとの胸には、埴科郷開拓団の前途に対する不吉な予感がよぎっていったにちがいない。

北満の三月は厳しい表情で私を迎えました。現地の宿舎はアンペラの三角小屋で、吹雪の夜はまんじりとも出来ず朝を迎えたり、炊事も洗面も風呂も皆雪を溶かして使う、匪賊が出没すると警戒予報があっても、援軍を求める術もない、武器は小銃弾薬だけ、三十人足らずの孤立無援だ、狼の群が遠吠えする、だが皆んな元気だったから、怖いものなしで、寒さも何も吹っとばしていた。

と書くのは、農事指導員として、初期埴科郷開拓団の幹部を勤めた山崎竜雄氏だ。その通り……埴科郷開拓団の敵は、「北満」のブリザードでもなければ、「匪襲」でも狼の咆哮でもなく、開拓団員の数にあった。三カ年間に三百戸一千名という計画は夢のまた夢、基幹先遣隊すら目標の三分の一にすぎないところから出発したこの小さな開拓団は、ついに敗戦のその日まで、働き手の不足に悩まされた。

入植一年半にして、老齢の宮本団長は心身ともに疲れ果てた末に、幹部にすらその去就を計ることなく、開拓団を去った。「団長なき後にも色々と問題があった。中には退団する者、又将来を悲観して自ら命を断った人も出た」と、埴科郷自分史は伝えている。

〈ハニシナゴ　ウノコウハイハタクシノソウシツニアリトケツスシキウゴ　ソウシツカタテハイネガ　フ　アンサ〉〈埴科郷ノ興廃ハ拓士ノ送出ニアリト決ス、至急御送出方手配願フアンサ〉

寺尾村役場の「拓務関係書類綴」にファイルされて残されている一枚の頼信紙の発信局は「満州国宝清局」とあり、消印は昭和十八年五月二十三日となっている。文末のアンサとは、団長なきあとの団長代理安藤貞雄氏と読みとれる。この悲鳴に似た電報が発せられたころの歴史年表を繰れば、その前月、連合艦隊司令長官山本五十六がソロモン上空で戦死し、内閣改造を前にして首相東条英機は「満州」を訪問しており、こえて五月、アッツ島守備隊の玉砕となっている。東条首相の「満州訪問」がどのような目的であったかは分らないが、埴科郷自分史に目をやれば、

この様な状況の中を、現地へ何の予告なしに建設本部では十八年に第二埴科郷を計画し、東索倫河の東隣りの地区西横林子《ヘンリンツー》に先遣隊の入植式を上げたのである。誠に無謀な計画に只驚愕し少からず抵抗を感じた。

とあって、このわたしもただ愕然とするばかりだ。企業整備による転業者のための第二埴科郷の建設は、むろん入植式をあげただけで、幻の開拓団に終ったことこそ、幸いであった。ついでに言えば、一九四五年(昭和二〇)三月十日の東京大空襲の被災者たちが、「満州開拓団」として、玄界灘を渡っていったという事実を、いったい何と理解したらよいだろうか。飯塚浩二『満蒙紀行』に彼らの姿がつぎのように映しだされているのだ。

彼らの内地での、追いつめられた暮しが思いやられる身なりと荷物。多くは子供連れである。満拓が世話している限り、行く先、落ちつく先(落ち行く先?)があることは確かなのだろうが、とうてい入植者といった雰囲気ではない。難民の、しばし身を寄せ合った姿であり、どこまでも心細気である。目の前にみて今日初めて気づいたのだが、風呂敷包みだけで、旅行の支度とはほど遠い感じであることが、この場の違和感を強め、その持主たちを、それこそ風呂敷包み片手といった夜逃げのような姿で、こんな異郷の果てにまで連れて来なくても何とかして上げようはあったのではなかろうか、といった惻隠の情をいよいよ抑え難いものにするのである。……私がこれが大陸見学の最後のコースだと心得て東満地区を一廻りした道中に、たまたま佳木斯駅で、線路一つへだてたプラットフォームに降り立つのをこの目でみた、気の毒な一群の人たちに、どういう運命が待っていたろうか。関東軍敗走の際、この人たちのあいだからいちばん多く犠牲を生じたのではなかったろうか。助かっていればいいがというより、私にはほとんど冥福を祈るという気持でしか、あの一群の、名も知らぬ男・女・子供たちの姿を思い出すことができない。内地で戦災にあい、さらに終戦二カ月前に公的機関の手で北満に移された人々を、よくよく運の悪い人たちだといっただけでは済まされないはずである。

すでにそのとき、日ソ間の不可侵条約は通告期限をすぎ、いつソ連が対日戦に参加しても不思議はない状況に、「満州」は置かれていたのであった。空襲の被災者たちにまじって、同じほどのみすぼらしい姿の父娘が、あるいは飯塚浩二氏の目にとまっていたかも知れない。

一九八五年の夏、伊那谷の一郭に、葉山嘉樹の文学碑が建った。木曾谷、伊那谷のダム現場に材をとって葉山嘉樹は多くの作品をのこしたが、わけても「セメント樽の中の手紙」などは不朽の名作といってよい。戦時下、執筆の自由を断たれた葉山嘉樹が当時住んでいた木曾山口村の開拓団の一員として、長女百枝さんを伴って「渡満」したのは、敗戦の年の五月であったことを、わたしは今度はじめて、百枝さんにお会いして知った。内地から発送した荷物もつかぬまに、敗戦となり、葉山嘉樹は、引揚げ列車が新京(長春)に着くその手前で息絶えた。遺体は、名も知れぬ駅のはずれに埋められたという。葉山はずっとメモをとっていた。生命永らえていたとしたら、和田伝の『大日向村』などとは次元のちがう作品を、われわれは戦後もちえたかもしれないと想像する。死期近いことを知った彼は、百枝さんに、「お前が書く力があればなあ」と弱々しくつぶやいたという。

さて、もう一度東索倫河埴科郷にもどってみよう。

「埴科郷ノ興廃ハ拓士ノ送出ニアリト決ス、至急御送出方手配願フ」という血の出るような電報を郷里にむけて打たねばならなかった昭和十八年五月現在、埴科郷の戸数はまだわずか七八戸、人員は二三五人。これは、三百戸一千人という当初計画の目標からみれば、絶望的数字といってよい。しかも、若い夫婦の間には乳呑児があり、壮年者の家庭には足手まといになる食べざかりの子弟が三、四人いるというのも珍しくはなかった。埴科郷の敗戦時の戸数九一、人員三〇八名となっていることから、この悲痛な電報の効果は、わずかに十三戸の後続者となって現われたことがわかる。人員二三五人が三〇八人に増えたことは、一見埴科郷にとって心強い数字だったのかも知れぬが、その多くが、開拓地で産まれ出た乳呑児による増加であることを考えれば、来たるべき敗戦時の悲惨にそれがつながっていったことを思わずにはいられない。

入植二年、アンペラの三角小屋から、オンドル式の土壁の住居に移り、本部の建物や校舎、診療所と建設の槌音はひびいたが、倉庫、厩舎、野菜貯蔵庫、製材所等の建設は計画通りには進まない。「匪襲」にそなえての土壁に加え、軍からの指示で戦車壕の構築も進めなければならない。肝腎の営農にふりむける労働力のない開拓団の悲しさ。肥沃の土地に種さえ撒けば作物は育った。しかし、作物と同じほどに伸びる雑草との闘いでもあった。

おそらく、このような状態は、特殊「埴科郷」ひとりの置かれた状況ではなく、「百万戸移住計画」によって送り出された「満州開拓団」の後期の共通した姿だったといえるのではなかろうか。

現地からの悲痛な電報にこたえるためにとられた一つの方法は、十代のうら若い女性を中心とした勤労奉仕隊の派遣であり、埴科郷の場合にも、貴重な労働力となったが、このような形で送り出されていった女性たちが、敗戦の混乱のなかで、現地にとどまり中国人と結婚して残留する運命をになったケースも珍しくはない。

さて、初代団長の現地離脱以来一年、団長を欠いた埴科郷に、後任団長決定の朗報がもたらされたことはすでに述べた。池田健太郎(44)がその人だが、「池田健太郎先生累歴」が、『果しなく黄色い花咲く丘が』の冒頭に載っているのをみると、

明治三一・七・七　埴科郡西条村同心町に生る
大正八・三・二四　長野師範学校卒業、同日付をもって埴科郡戸倉尋常高等小学校訓導に任す
大正一一・四・一　東筑摩郡島内小学校訓導に任す
大正一四・四・一　埴科郡松代小学校訓導に任す
昭和四・四・一　長野市後町小学校訓導に任す
昭和六・四・一　埴科郡屋代小学校訓導に任す

昭和一〇・四・一　長野市柳町小学校教頭に任す
昭和一三・四・一　埴科郡寺尾小学校長に任す
昭和一六・四・一　同郡五加小学校長に任す
昭和一八・三・二〇　満州埴科郷団長就任のため退職
昭和一一・一・二七　埴科郷着任
昭和二〇・八・二七　団員と共に殉職

とある。この簡単な年譜の背景に、長野県の大正・昭和の教育史を置いてみると、それはにわかにひとつの陰翳をおびて、一人の教育者の歩んだ後半生が浮かび上ってくるように思われる。

長野師範を卒業して最初に赴任した戸倉小学校では、その年の二月、白樺派教員弾圧事件が起こり、中心人物赤羽王郎は追われたけれども「啓蒙・人道主義に立った児童尊重の教育実践」が影響を色こく残していたはずである。

やがて大正十一年、池田の赴任した島内小学校には、赤羽王郎の擁護者であるクリスチャン校長手塚縫蔵がいて、池田はこの手塚校長に導かれてキリスト教に入信したのであった。島内小学校在任中に、修身教科書をめぐる松本師範付属校の川井訓導事件が起こるが、文部省視学官を迎えて行われた島内小学校での研究会で、手塚校長は川井訓導を徹頭徹尾擁護する論陣を張った結果、手塚もまた辞職に追いこまれた事件は、長野県における自由教育弾圧の一里塚とされている。年譜をみれば、池田健太郎が松代小学校に転ずるのは、手塚校長の辞任と軌を一にしていることに注意が引かれる。「信仰は固く、精神は高く、自由を愛し、官権の支配を極度に嫌った」という手塚縫蔵の辞任に殉ずる形で、若い池田健太郎も島内小学校を去ったと推し測ることができる。

池田のその後の歩みをみれば、長野市後町小学校訓導、長野市柳町小学校教頭など、陽のあたる坂道をのぼり、一九三八年(昭和一三)弱冠四十歳で郷里の寺尾小学校長に任じられているところをみれば、「川井訓導事件」が直接池田の教員生活に翳をおとしているとは思えない。だが、白樺派末裔というレッテルのゆえに、池田にとって時代は徐々に生きにくい色あいをおびてきていたと想像することができる。寺尾小学校での生産勤労と結びつけた実験教育は、職員・高等科男子生徒の宿泊当番制という大胆な学校管理にまで発展したが、必ずしもこれは県学務課の歓迎するところではなく、郡教育会の風当りは池田に強かったといわれる。寺尾小から五加小への転出には、そのような背景があった。

現地埴科郷開拓団の総意を受けて、斉間新三さんが池田健太郎校長を団長に迎えるべく交渉に当ったとき、信濃教育会が反対するどころか、いとも簡単にそれを承認したことのなかに、クリスチャン校長池田健太郎の置かれていた立場が浮かび上ってくるようにも思われる。

こうして池田健太郎は一九四三年三月、五加小学校長を退くと同時に、茨城県鯉淵の幹部訓練所に入所するのだが、一刻も早い着任をと待ちこがれる現地の期待にもかかわらず、二年前の団長の入植には、殆ど訓練所は素通りといった形で済んだのに、何としたことか内地訓練で三カ月、ハルピンの現地訓練は五カ月を費し、入団は結局十一月下旬となっていたのである。

という記述の中に、クリスチャン校長への時代の風圧が読みとれる。しごきにも似た神がかりに近い苛酷な訓練によって、洗脳を強いようとしたものに違いない。だが、この団長は、一風変った姿で、八カ月の訓練ののち、現地に到着した。

団長は古武士的な風格の人格者であった。或る日象山神社の前に団員一同を集め、「人類は母なる大地を基として生きてきた。又将来永遠に衣食住を生み出す基である」とモーニングの懐から厳かに白紙に包んだ黒い土を示し乍ら、朴訥とした口調で訓示された。一同感銘深く拝聴し、団長に絶対の信頼を寄せた。

新団長の着任で、行き詰っていた埴科郷の建設はハイピッチで進められたかといえば、そうではない。追いうちをかけるように、すでに開拓団壮丁の召集がはじまっており、経理主任として、団になくてかなわぬ斉間新三さんもまた、新団長と親しくことばを交わす間もなく、応召していくこととなった。

三

東索倫河埴科郷が、郡単位で送出した開拓団の平均的素顔ならば、大八浪泰阜村は村単位で送出された分村移民の、これも平均的素顔といってよいのではなかろうか。天竜川が深くきざみつけた河岸段丘、というよりも昔から呼び慣わされてきた「南山」といった方が正確なような山間の村泰阜から、

暁天はるか　輝けば
希望は燃えて　緑なす
見よ　大陸の新原野
拓く吾等に　光あり

おお満州　泰阜村

という雄壮な「満州泰阜村建設の歌」によって送り出されていった二一九戸一〇六七名(敗戦時)の泰阜分村の姿は、『平和のかけはし——長野県開拓団の記録と願い』(一九六八年、信濃毎日新聞社刊)に、つぎのように描きだされている。

入植地の三江省樺川県大八浪には、伊那谷の山中では想像もできない豊かな農地が待っていた。肥料をやらなくともジャガ芋はおとなのコブシ以上も大きくなった。豊かに実る稲穂の波……「ああ泰阜の山中にいれば一生うだつは上らなかっただろう。ネきてよかった」会合のたびごといってよいほど、希望に満ちた話に花が咲いた。ネコの額のような農地にへばりついている郷里の仲間たちを、呼んでやろう。こんなことばもかわされた。「二、三年たったら里帰りでもしよう」。郷里に錦を飾って帰れる見通しもついた。二十年のことである。

この描き方はいささか調子がよすぎはしまいか。すでに触れたように、泰阜村の場合にも団員送出にあたっては、村役場の担当者をして「此ノ募集戦ハ言語ニ尽シ難キモノアり」と嘆息をもらさせたほどの難航であったことは、埴科郷と全く同じであった。目標の三百戸にはついに届かず、戸主と長男を別々に登録させ、十五歳の少年を独り戸主に仕立てて帳尻をあわせるような無理を重ねてもなお一六三戸しか集まらず、村議・役場吏員総出で飯田市や周辺数カ村に募集・勧誘の遊説をし、一九四〇年末には団員数二七五によようやく漕ぎつけたという悪戦苦闘のあとがある。敗戦の前年十八戸を補充送出したという記録があるところをみると、さみだれ式に入植はその後もつづけられたと考えられるが、敗戦直前の総戸数が二一九戸となっているのはどうしたことか？　さみだれ式だろうが何だろうが、ともかく目標の三百戸に手の届くところまで送出が進んでいたというのに、最終的には八十戸以上の欠員があったことは、さみだれ式補充では追いつかないほどの脱落があったことを、この数字が示しているといえぬだろうか。

右にあげたユートピアのような泰阜分村像に対して、『満州移民の村――信州泰阜村の昭和史』(一九七七年、筑摩書房刊)の中で、小林弘二氏は、戦時中(昭和一八年五月)、大東亜省から出された㊙文書「第八次大八浪開拓団総合調査報告書」のつぎのくだりを対比的に示している。

大八浪開拓団は現在いはば苦境に在るといってよい。団幹部の指導力の問題、之に対応する一般団員の気構への問題、すべてが今後にあるといはねばならぬ。われわれは右の如き大八浪の現状並に将来に楽観し難いものを感ぜざるを得なかつた。

どうやら、前者のバラ色は、戦後二十余年たって、あの敗戦前後の修羅とその後の苦難に充ちた引揚げ体験という二つのフィルターがかけられることから生ずる回想のバイアスにちがいなく、後者すなわち一九四三年時点における大東亜省の㊙調査報告書の方が、泰阜分村の実情をリアリズムでとらえていたのではなかろうか。そして、そこにもりこまれているデータは、特殊泰阜分村にだけ固有のものではなく、「満州開拓団」全体に通ずるものであったからこそ、㊙扱いにされて、調査報告書は一般の目から遠ざけられたのにちがいない。

調査報告書が言うように、「本団の出身母村は長野県に於ても典型的な山間村であり、水田の殆んどが湿田であり人力除草器すら戦前迄使用されず且つ水田の面積の狭小は畜力利用をせず且、団員中には稲作技術の経験的獲得なきものが少くない」状態のなかで、開拓団員にはほぼ水田一町歩、畑二町歩が与えられたが、「団員の多くは広大なる割当耕地を擁し如何とも為すすべなき無機能なる料理人」だと調査報告書は断定しているが、この断定は「山村ダメ説」の偏見というものではないか。

少なくとも、長野県から送り出された百余の開拓団は、多かれ少なかれ山村の出身者であった。山村出身者だから、「満州開拓」に「無機能な料理人」であったわけではない。中村雪子著『麻山事件』の主人公の一人笛田道雄さんは父子二代、北海道開拓の血を引く人だが、先進国デンマークから学びとって七十年の伝統をもつプラオによる北海道農法をもってしても、「北満」の開拓はむつかしく、結局、いかにして現地住民の営々と築きあげてきた犂杖《リージャン》による在来農法を学びとるかに努力したかを、つぎのように説明している。

一頭曳きの農機具プラオに馬二頭をかけなければ耕起できぬという東部北満黒土地帯の重粘な土質が、プラオによる耕作をはばんだのであった。また、在来農具の犂杖による耕作は、まず土を盛り上げて高畦をつくり、その高畦を割って種を蒔くという方法をとる。一方、プラオによる耕法は、平地を耕起して種を蒔く平畦耕法である。笛田道雄の調査によると、高畦の土と平畦の土とでは、平畦の方が地温が一度から一・五度低く、そのことが作物の生育に大きな影響をおよぼすという。それだけではなく、いったん雨が降ると、在来農法の高畦の場合、水は畦の間にたまるが、プラオで耕起された平畦の耕地は一面泥沼と化して何日も何日も人が立入ることを不可能にする。地温はますます下り、種の発芽はおくれ、またその根も湿害を受ける。

一九三四年以来営々十二年間、「北満」の黒土と闘った人の、これが結論であった。

長野県送出の開拓団先遣隊は、加藤完治の主宰する内原訓練所の分校ともいうべき御牧ヶ原修錬農場と八ヶ岳分場で短期の訓練を受けたあと渡満することになっていたが、そのカリキュラムをのぞいてみると、

修身二〇時間、農学二五時間、体操一〇時間、武道一〇時間、教練一五時間、食糧研究五時間、実習八五時間、満州語、実弾射撃、行軍

となっており、なかでも筧克彦創案の皇国運動《やまとばたらき》という奇妙な体操と、天地返しという深さ二尺の深耕作業が主なるメニューであった。「日本体操《やまとばたらき》次第書き」というものを見ておこう。

一、立て(軽くおじぎ、間隔をとる)
二、みたましづめ(概ね十五秒より二十秒)
三、をろがめ(一拝)

四、抛げ棄て(左右各一回)
五、吹き棄て(ア、ウ、オ三段の深呼吸)
六、いざ進め(三回)
七、いざ漕げ(左右、各一回)
八、参ゐ上れ(一回)
九、気吹《いぶ》き(ア、ウ、オ三段の深呼吸)
十、神楽《かむあそ》び
一　小竹葉《さ さ ば》(手を三段に動かす)
二　真《ま》さき(頭を三段に動かす)
三　日かげ(体を三段に動かす)
四　五百津真栄木《い ほ つ さ か き》(股を二段に動かす)
十一、ひと笑ひ
「複唱」かれ、高天原《たかまのはら》動《ゆす》りて八百神共に咲《わら》ひき
十二、出《いで》まし
「単唱」かれ、天照大御神出でませる時に、高天原も、葦原の中つ国も、自《お》ら照り明《あか》りき

二拝、二拍手
「複唱又は同唱」天晴れ、あな面白、あな手伸《たのし》、あな明《さや》け、おけ

このあと長い長いノリトのような文言の朗唱がつづくのには、さすがのわたしもつきあいかねるので略すとして、最後に、

十六、いやさか
二拝、二拍手
「単唱」天皇陛下《すめらみこと》「複唱」弥栄《いやさかー》々々々
二拍手、一拝「終つて軽くおじぎ」

で、日本体操《やまとばたらき》(皇国運動)はようやくにして終るのだが、いまでも泰阜村役場に、この次第書きは移民関係綴に大切に保存されている。

わたしは、この狂気にも似た呪文のようなシナリオを書き写しながら、「北満」に散らばらされた開拓団のことごとくが、入植後必ずとぼしい財政の中で立派な神社と鳥居を建築したことに思いを馳せずにはいられなかった。泰阜分村には「大八浪神社」が建立され

たし、東索倫河埴科郷には「象山神社」が分祀された。地下で、開国の洋学者佐久間象山がどう思ったかは知らず、わたしは、狂気とも不真面目ともつかぬこの皇国運動《やまとばたらき》のシナリオこそ、敗戦前後の混乱のなかで「自決」という名の悲劇の土壌をつくりあげていった元凶ではないかとすら想像する。

皇国運動《やまとばたらき》と天地返しとをたたきこまれた開拓民たちには、たしかに、「北満」の地に「十町歩」のキャッチフレーズよりは少なかったけれども、各戸水田一町歩、畑二町歩程度の土地が与えられはした。広大な三町歩の土地を、どうして地下二尺の深さまで「天地返し」などやっておられよう。妻は馴れぬ土地で子育てに追われ、夫は春夏同時に到来したかと思われるほどの雑草の繁茂を前にして茫然自失したとしても無理はない。水田一町歩は現地に住む朝鮮系農民に、畑は犂杖による在来農法の満系住民へと、小作か請負耕作に託す以外に手だてはなかった。

ふたたび大東亜省の報告書にもどれば、それはあながち、母村泰阜村が典型的な山村であったからではなく、そもそも「あなたも十町歩の地主になれる」という甘いことばで、「北満農業」の諸条件を無視したまま、強引に推し進めた「百万戸移住計画」それ自身の持つ矛盾が露呈されたのではなかったろうか。

那須皓、橋本伝左衛門といった農学者たちが机上でいかに「未耕地開墾・自作農創設」

と叫ぼうとも、実際には現地住民が営々として起こしてきた既耕地をそのまま「満州移民」が横取りし、広大な土地をもて余した末に、現地住民を小作人とする地主が新たに創り出される結果になったというべきだろう。

とはいえ、実態はさらに深刻であった。大八浪泰阜村開拓団本部の経理帳簿をみれば、入植三年目の昭和十六年度末の融資借入額は九〇万円に上っており、これを一戸当りにすれば四〇〇〇円余、さらに五カ年計画の最終年にあたる昭和十八年度末には累積赤字一戸当り五八〇〇円となり、五カ年据置二十カ年賦の条件でも返済の見通しは立ちがたい状態であった。

加えて、団員各戸の準備金も底をつき、畑作・稲作に不可欠の現住民雇傭の労賃にもこと欠く状態で、開拓団員個々の収支も例外なく赤字に追いこまれ、「団員の中には自己の為配給を受けた団服を高く与へ更に自己所有の衣服類を与へる等正に飢餓雇用も少くない」と報告書は、泰阜分村の危機の実態を伝えている。

四

『後世に伝う血涙の記録——満州泰阜分村』という記録が、最近数少ない生存者たちの手でまとめられたことは先に触れたが、敗戦時十七歳の少年であった篠田欽次さんは「流

大八浪での篠田一家．左から二番目の欽次さんだけが生還した．

亡三部曲」という、原稿用紙三百枚近い手記を寄せており、信州泰阜村での幼少期、満州分村での少年期そして敗戦とその後八年におよぶ中国残留の青年期が克明に映しだされていて、読むものの心を大きく揺さぶる。

私が物心付いた頃、父は新聞配達業をして居た。今の飯田線の門島という駅迄一時間歩いて、一番電車からホームに投げおろされて来るのを待って、電車が着くと競走の様に、荒縄で包んである新聞を鷲掴みに両手に下げて、待合室に駈込み、一部一部を細長く折って、竹で編んだ背負籠に入れて、人よりも先に配達に飛び出すのである。

山中に二十二の耕地が小さな島のように点在する泰阜村は、南北におよそ十二キロ、東西に九キロという広大な村だ。しかも飯田線門島駅と山頂の集落との標高差が三、四百メートルもある山坂の村での新聞配達業は、「朝星夜星」の重労働であった。欽次少年九歳の昭和十二年末、父幸一さんが出征した。新聞配達業は若い母ウメヨさんの肩にかかり、九歳の欽次、七歳の欽三兄弟が放課後、母を肩代りして夕方までかかって配りおえた。徐州作戦を終えて幸一さんが帰還したのは昭和十四年の初め、

父が凱旋して半年も経った頃、その頃盛んに宣伝されていた満蒙開拓に行くと云い出した。すでに泰阜村からも先遣隊が何十人か行っていて、その人達の話も聞いたのであろう。何故そんな遠い所へ生れ故郷を捨てて迄行く気になったか？　当時(終戦時)十七歳だった私一人を残して、一家全滅と云う悲劇の待っている、あの果しもない広野に何故ほれこんだのか？

再び来るかも知れない第二の召集を逃れる為か？

応召で見てきた広大な大陸に魅せられたのか？

それ共時の国策に忠実だったのか？

今だに私にはわからない。


篠田欽次さんは四十数年前をふり返って、父の決意に疑問を投げかけている。昭和十五年四月二十一日、祖母をふくんだ篠田一家五人は生れ故郷の伊那谷に別れを告げる、その朝の情景がまた感動的だ。


出発間ぎわになって、祖母がいなくなった。皆で大騒ぎをしていると、お薬師様の方から、白い紙包みを片手によぼよぼとやって来た。

「おばあちゃ、だめじゃあーねえか。もう出発なんだよ。どこへ行っていたの」

叱り飛ばすような母の言葉に、

「おれなんか、もう生きて此処へ来れるかどうか、わかんねえから、お薬師様の土を少しもらって来たんだよなあー」

母の方は見ずに、仲良しだった豆腐屋のおばあちゃに合槌を求めた。数日前から二人は、寄ればさわれば、目をぐしゃぐしゃにして、名残りを惜んでいた。

泰阜村の女たち、とくに年配の女たちは、最後まで故郷を棄てることにこだわり、反対しつづけた。それを論理化することはできなかったが、彼女たちの哀しみや怖れ、その感覚は、時代に流される男たちよりも研ぎすまされていたのであった。それゆえにこそ、拓務省も県当局も、渡満勧誘の要項のなかで、婦人説得に最も意を用いた形跡がある。果して、それから六年後、泰阜分村の女たちの大半が、大陸の凍土の下に埋もれていくことになる。生き残った女もまた、終生、消えることのない傷痕をきざんで、生きつづけなければならなくなる。その姿は、のちに触れることになるだろう。

六年生の修学旅行に行けなかった欽次少年に、父は言った。

「いいじゃねえか、そのかわり満州まで大旅行出来るんだもの。汽車だって、船だって乗れるんだぞ」

遊び友達と別れるのは悲しかったが、満州へ行ったら、満州の子供と仲良くなろう。その為に私は、自分の学用品や玩具を荷づくる時、こんな物でも、やったら喜ぶであろうと思うものは、たとえ半分の鉛筆でも、荷の中へ入れておいた。

おそらく、この温くやさしい心が、欽次少年を導いて、あの動乱の中をくぐり抜け、戦後八年の残留を生きのびさせたのかもしれない。修学旅行というには、あまりにむごい、何度も地獄をのぞくような十余年の旅の門出であった。

心やさしい欽次少年に比べて、二歳下の弟欽三少年は、何かにつけて、兄を圧倒するようなやんちゃ坊主であったが、泰阜分村における篠田家にあっては、なくてはならぬ労力として、二人はよく両親を助けた。北満の春は遅く短く、すぐに夏がやってくるから、六月の種まきと除草には猫の手も借りたいほどの忙しさだ。

水田に籾をばら蒔きした(六月七、八日)後の鴨追いが大変だ。麻袋に入った籾をオンドルの上で暖めながら、水打ちして、発芽してから、水田にばら蒔きするのであるが、それでも鴨は喰べてしまう。一度に何十羽と群をなして襲来するので、一町歩ぐらいの水田は、数時間で喰われてしまう。此の鴨を二十四時間、家族総員交代で見張っていて、一羽でも来たら、大声出したり、石油缶や鍋底をたたいて追うのである。

土曜日に、寄宿舎から帰った弟に、その夜、夕食から十二時迄の約束で鴨追いに行かせた。

夜半に父が交代に行くと、家の田圃から鴨が数羽飛びたった。弟の姿が見えないので仮小屋を見ると、その中で寝こんでしまっていた。

果して、篠田家の水田は約一反歩、鴨害で大なしになっていた。

近所の人の話によると、宵の中は大きな声で、威勢のよい歌を歌い賑やかだったが、そのうちに静かになった。昼間の遊び疲れと、歌い疲れだろうと見ていたという。

それにしても、狼の来襲も何のその、仮小屋で寝込んでしまう度胸のよさ。篠田欽三少年がこのとき、くり返し歌った歌は、

生れ故郷を　後にして、
俺もはるばる　やって来た。
蘭の花咲く　満州へ、
男一匹　腕試し。
金もなければ　地位もない、
生れついての　丸裸。
持った度胸が　財産さ。

やるぞ　見てくれ　この意気を。

敗戦の年の春、欽三少年は選ばれて千振の農学校に進学したが、八月は夏休みで大八浪の両親のもとに帰ってきていた。八月九日未明、ソ連軍侵入の報に騒然となった大八浪泰阜村開拓団のなかで、最初の犠牲者となったのがこの豪胆な篠田欽三少年であったことは、『後世に伝う血涙の記録——満州泰阜分村』の中で、生存者の何人かが証言しているが、まず兄の欽次少年の語るその日の篠田家の模様から見ておこう。

母親のウメヨさんは、八月の初め、同じ開拓団で来ていた妹平はづゑさんの出産手伝いに泊りこみで行っており留守だった。はづゑさんの夫平増一さんはすでに召集され平家には一歳の長女と妊婦だけが残されていたからだったのだろう。

八月九日、起きると、父は既にいなかった。祖母の話によると、部落会議で部落長熊谷松雄の家に行っているという。祖母の作った朝食を、祖母、弟、私と三人で食べて間もない頃、ただならぬ顔つきの父が帰って来た。

ソ連参戦のため、全部落集結と決まったと告げられ、仕度しているところへ、また突然満十七歳以上四十五歳までの男子に召集令がかかったという知らせに、篠田家全員は愕然とする。父幸一さん四十歳、欽次少年満十七歳とようやく二十五日。欽次少年は日頃世話になっていた寄宿舎の舎監の林元子先生にたのんで奉公袋をつくってもらう間にも、

〝俺も、国家から、やっと一人前に扱ってもらえるようになった〟

と、胸を張って歩きたいような気持を味わっていたという。とはいえ、母と至急連絡をとる必要があった。父の幸一さんは、残り少い成人団員として、部落の留守家族の最後のめんどうを見るだけで精一杯であった。おろおろしている祖母を弟に託し、

「兄ちゃ、これから行くから頼むぞ」

と声をかけると、気の強い弟は、

「ウン」

と一言、厳しい顔つきで肯いた、と篠田欽次さんは書いている。これが、欽次少年の、祖母、弟とのあっけない別れであった。

篠田ウメヨさんには、もう一人の妹奥瀬くに子さんがあって、彼女もまた同じ開拓団にきていた。そのくに子さんもまた、『後世に伝う血涙の記録——満州泰阜分村』に、甥の篠田欽次さんに劣らぬ長文の感動的な記録「曠野の墓碑銘」をよせているが、欽次少年の応召していったあと泰阜分村の模様をくわしく書いている。

閻家駅集結の連絡があった。みんなでおにぎりを作り、荷物をまとめて出発に備えた。
「お母ちゃ、みんなと一緒に四区の荷物を持ちに行ってくるからな」
篠田欽三は姉に、四区行きを報告して、荷物を取りに富興屯(四区)に帰って行った。

とある。なぜ欽三少年は切羽つまったこの段階になって、自宅に戻ろうとしたのか。おそらく、集合場所に祖母を導くのが精一杯だった欽三少年は、責任を感じて引返したのに相違ない。十五歳の少年は腰に日本刀をぶちこんでいた。

荷物を持っての帰り道、四区と三区の中間曲り角の場所で、荷物もろとも、襲撃を受けた。林貞吉氏は、持っていた銃を奪われ、その銃で撃たれ、三区の手前で亡くなられた。欽三は、帯刀の日本刀をもぎ取られ、その刀で斬られた。

気丈な母親のウメヨさんは、救急箱を開いて重傷の欽三少年に応急手当をほどこし、馬車にふとんを敷いた上に少年を乗せての出発であった。奥瀬くに子さんの「曠野の墓碑銘」はつづく。

幸にも欽三は、公心集の診療所で、医師に診察して貰うことができた。

「急所(睾丸)をやられているので、お気の毒だが、どうしようもない……」

姉は、医師から宣告された。夜は涼しいが、日中は暑かった。馬車の上に寝かされているのが暑いのか、頭が異常に暑かったのか？

「お母ちゃ、ここは暑くてしょうがないから、もっと涼しい綺麗なざしきに連れて行ってよ……」

欽三は、切なげに姉に訴えていた。一かけらの氷どころか、タオルで頭を冷やしてやることもできなかった状況の中で……姉は、欽三との別れの時が近づいているのを知った。

「欽三……お母ちゃのお乳にさわってみて……」

「お母ちゃ、なんだか……はずかしいな」

はにかみの笑い顔を見せた欽三であったが、恐らく欽三が、母に向けた最後の笑顔であったと思う。

欽三少年は「三米近い幅のある水の流れもゆるやかな綺麗な川」のほとりで息を引きとった。

「お母ちゃ、俺が死んだら、川の中に入れておいて行って」という彼のことばに従って、祖母と母親の手で屍が水葬にふされたものこそ幸いであったというべきだろう。泰阜分村開拓団の逃避行の行く手には、もっとすさまじい川がいくつもこれから待っていたのだから。

欽三少年が息を引きとった同じ日の、数時間後、たった十日前に生まれ、欽三少年の母篠田ウメヨさんの手でとりあげられた平勇二くんが伯母の背中で息たえていた。

広々とした湿地が前方に見えていた。仕方なく、丈なすヤン草の中に勇二を寝かせた。欽三とは、また異なった哀れさがあった。生まれて十日目とは思えぬ程、赤ちゃんらしからぬ整った良い顔をしていた。

「僕が成長したら、こんな顔になるんだよ」と、まるで、別れる親に見せている様な面ざしであった。

叔母の奥瀬くに子さんはこう伝えている。それにしても、この逃避行の前後、多くの開拓団でじつに多くの出産があったが、零歳児の生命にとって、烈しい雨にうたれての逃避行はあまりにきびしすぎ、そのほとんどが、母の背中で息絶えていった。母の背中で息絶えたことをむしろ幸せとしなければならぬような苛酷な状況だったともいえる。

老人にとってもまた、同様だった。気にかかるのは、篠田家の祖母レイさんの身の上だ。母村泰阜村の山坂できたえたレイさんの足は、老爺嶺《ラオイエリン》の山中をさまようこと十日間よく耐えたのだが、大森林をようやく抜けたと思ったところに、滔々と流れる川があった。古稀を迎える老婆にとって、川を越えてその向うに行く力が残っていなかったろうことは容易に想像される。連日、急坂を嫁の背に負われるようになっていたことも、逆に老婆の心には重荷になっていたのに相違ない。

大八浪をあとにするとき、彼女は、とっておきの着物を重ね着してきていたが、川べりに出ると、久留米絣の着物と黒繻子の帯をかなぐり棄てるように脱ぐと、嫁の止めるのもふりきって、急流へとつき進んでいった。あるいは、彼女は、牡丹江の流れの彼方に薬師さまの招きを見ていたのかもしれない。痩せ細って小さくなった七十歳の老婆の体が、急流に呑まれて消えたのは一瞬のことであった。

老婆の遺した黒繻子の帯は、あの動乱の中をくぐりぬけ、数奇な運命をたどりながら、篠田家でただ一人生きのこった欽次さんの手もとにとどけられ、いまなお大切に保存されているという。

奥瀬くに子さんの「曠野の墓碑銘」も篠田欽次さんの「流亡三部曲」もじつはまだその序奏部であって、大八浪泰阜分村の避難行はつづいていく。いやそればかりではない、牡丹江の急流に篠田レイさんと前後して投げられた幼児をふくめて、いまもなお、「中国残留孤児」という名で、泰阜分村の悲劇にピリオッドはうたれてはいない。

「曠野の墓碑銘」にせよ「流亡三部曲」にせよ、泰阜分村の最後を伝えるその他の手記にも、開拓団幹部の姿があまり現われないのは、ひとつの特徴だ。大東亜省の㊙文書がすでに指摘していたように、「団幹部の指導力の問題」、団長・幹部と団員とのあいだのうめがたい距離が、混乱を助長したことは想像される。

「閻家駅に集結したとき、最後の避難列車を、団長の不決断でやりすごしたことが、泰阜分村の悲劇を大きくしました」

と語るのは、敗戦の翌年ただひとり故郷の土を踏んだ中島多鶴さんの回想だ。その中島さんは、いまも寝食を忘れて、「残留孤児」「残留婦人」の連絡引揚げに、献身的な努力をはらっている。

中島多鶴さんに遅れること七年後の一九五三年にようやく村に帰ってきた田畑久美さんは、日本の敗戦ののちにはじまった国民党軍と革命軍の内戦のなか、身をかくしていた倉沢団長が人民裁判で処刑されたのを現認している。

第5章　墓碑銘の下から

射撃訓練を受ける開拓団の婦女（共同通信社提供）

一

わたしはこの数ヵ月のうちに、満州開拓団関係者の手記を数多く読んだ。その多くは、日ごろ文字を綴ることから遠い生活をしている人びとの筆に相違ないのだが、書き手の内的衝動の大きさと、描かれる事実の重さのゆえに、文章の巧拙とは関係なしに、いずれも時のすぎるのを忘れさせ、読み手をそこに没入させる力をもっている。

なかでも目をひくのは、敗戦の混乱の時期を十代に経験した人びと、いわば昭和ヒトケタの世代の手になる手記であった。すでに見たように、大八浪泰阜村開拓団の篠田欽次さんもそうだったが、東索倫河埴科郷の吉池清隆さんの場合も、小学生として両親に伴われて大陸に渡っていったひとりで、両親きょうだいが殺りくされるなか、十一歳の少年は奇蹟的に生きのびることができた。三十余年の歳月をへたその年齢は当時の父親のそれをこえているはずなのだが、小学六年の当時にもどった眼で吉池清隆さんは、敗戦の混乱をいきいきと描いている。それは、ほかでもなく、戦後を生きてくる原風景として、筆者の脳裡にきざみのこされてきた光景だったからにちがいない。

満州開拓団は、明治生まれがその本隊をになった。そして大正生まれが先遣隊の役割をになった。昭和ヒトケタの世代は、父や兄の世代に連れられて「満州」へと旅立っていった者として、父や兄たちのそれぞれの思い入れからは独立して、精神的には白紙に近い無垢な眼で、歴史的な状況をあるがままにとらえて文字にしうる立場に立ちえたともいえるだろう。まかりまちがえば、彼らもまた、紙一重で「残留孤児」として「北満」の曠野にとり残される運命と隣りあわせていた世代でもある。姉たちの世代が「残留婦人」として、妹や弟たちの世代が「残留孤児」として、その後も現地にとり残されてきたともいえる。

埴科郷開拓団の名簿から吉池一家を抽出してみよう。

氏名	続柄	年齢	生死の別	最終消息／現地最後の場所	生死の事由
吉池　清	本人	40	死亡	20・7・27／開拓団自宅	心臓病
まつの	妻	39	〃	20・8・27／佐渡開拓団跡	殺傷
清隆	長男	12	帰還	21・9・25／ハルピン教会	引揚
秀雄	二男	10	死亡	20・8・27／佐渡開拓団跡	殺傷
清治	三男	8	残留	55・11・12／勃利県七台河市	引揚
けさい	長女	5	死亡	20・8・27／佐渡開拓団跡	殺傷
東	四男	3	〃	〃	〃

吉池一家の入植は一九四二年の夏であることからしても、三年をへてようやく一家の自

立ができるかどうかというだいじな時期にさしかかっていたころ、父親の清さんは、過労から心臓を患い、一九四五年の七月二十八日に死亡してしまったことが、この表から読みとれる。

その前年から、開拓団の男子成人には関東軍からの召集が波状的に行われていたのだから、一家の主柱が失われた家は多かったにちがいないが、異郷にあって柱ともたのむ夫を病いで失った吉池まつのさんの不安と悲しみは特別のものがあったろうと想像される。あとには小学六年生の長男清隆少年を頭に、五人の育ち盛りの子どもが残されたのだから。

清さんの葬儀を終えて一週間とたたないうちに、運命の八月九日が、この未亡人の上に容赦なく襲ってくる。

この日午後一時ごろ、宝清《パオチン》駐屯の西山部隊から開拓団本部に電話が入り、〈三日分の食糧と身廻り品を持って直ちに宝清に待避すべし〉という至急連絡が伝えられた。非常サイレンとともに池田団長は馬で団の各部落にこれを伝え、埴科郷開拓団全員が倉皇のうちに東索倫河をあとにしたのは夕刻六時ごろであった。大陸は雨季で、夜半から降りだした雨のなかを、老人婦女子の群は夜通し歩き、八月十日朝、宝清に入ったときには、すでにソ連軍の空襲で街の各所に火の手が上っていた。

宝清の街には、各開拓団がたのみの綱としてきた三九三部隊西山隊の姿はすでになく、ここで初めて事態のただならぬことを、人びとは知る。地図を開けば、宝清の街からは、完達山嶺をへだててソ満国境の町イマンは指呼の間にあり、逆に、鉄道のある勃利《ボーリー》の街までの距離はおよそ百七十キロ。空からの攻撃を考えれば公道をとることはできない。しかも、ソ連参戦とともに各地に現地住民の不穏な動きも出はじめている。関東軍・満拓による土地獲得の際、最も抵抗の大きかった土地柄でもあった。

埴科郷建設当時、入植式に内地からかけつけた五加村飯島村長が、

「斉間君、こりゃ偉い事だわナー、我々の想像の及ばなかった所だが、この実状を知ったからには迂闊に人は送り出せない。余程しっかりした者を選ばないと反って邪魔になる。こりゃ大変な事だぞ……」

と先遣隊長の斉間新三さんにつぶやいたそのことばが、いまあらためて思い返される。しかも、宝清の町めざして奥地からぞくぞくと集まってきた開拓団避難民の大半が、老人と婦人と、その数に倍する子どもたちばかりだったのである。

八月十一日に宝清を発った人びとが、勃利の町を五十キロ先にのぞむ地点にようやくたどりついたのは、八月十六日午後のことであった。宝清県一帯の開拓団をあわせて、避難民の列は三千人ほどにふくらんでいた。そこには、長野県関係の開拓団だけでも、下水内郷、更級郷、阿智郷、南信濃郷、高社郷などの各団がひしめくように続いていたが、殿《しんが》り

の高社郷開拓団の動きはことのほか鈍く、混乱をきわめていた。

高社郷開拓団の歴史に目をやれば、この開拓団は、祖国を発つときからすでに不幸な星を背負っていたかにみえる。初代団長候補に内定していた木島村村長佐藤副治は、現地各開拓団の視察を終えて帰国するや、郡連合事務所での報告会の席上、「大日向分村はじめ弥栄、千振、瑞穂の各団の生活状態から、建設途上の現地の実態をそのまま報告し、先の見とおしは暗いという悲観的な話に終始し」、自らの見聞にもとづいて団長就任を辞退してしまった。昭和十四年という時点において、佐藤村長の言動はひとつの見識と勇気を示すものでもあったろう。

以来、高社郷開拓団団長は何人も代るのだが、地元建設本部では、「後任に穂波村の豪農山本直右衛門を二ヶ年という期限つき」で送りださざるをえないような破目になったこともある。この山本団長が「約束の二年」を勤めおえて帰国したのは、敗戦の三カ月前であった。新たに農事指導員から団長に昇格した武田善文に赤紙が舞いこんだのは、それからまもなくのことだ。ソ連参戦という異常事態を前にして、高社郷開拓団に団長は存在しなかった。

残された五百余名の老幼婦女を統率して、祖国に送りとどけようという展望と気迫を、高社郷開拓団幹部は最初から欠いていたとさえいえるようだ。副団長古幡武は、

「あわてることはない。われわれは満州の土になるつもりできたのだ。軍と協力して団を死守しよう」

といい、本部員と部落長を集めた幹部会で〈最悪の場合は部落長が責任をもって婦女子を処置する〉ことを主張した。会議の席上、強硬にこれに反対したのは、日露戦争の経験をもつ六十九歳の下田讃治ただひとりであったが、評決の結果、副団長の方針どおりとなり、自決用の青酸カリがくばられた。高社郷の出発が他の団にくらべていちじるしく遅れたのは、古幡副団長が、

「みんな出てくれよ。おれは倉庫に火をつけて死ぬ」

と言いはってなかなか動こうとしなかったからだといわれる。避難途上の更級郷開拓団の団長正村秀次郎の説得で重い腰をあげたときには、高社郷の行動は避難行の殿りに位置する結果になっていた。ようやく宝清の西山部隊跡にたどりついた夜、古幡副団長が足手まといになる自らの妻女三人を〝処置〟したことも、団の死の行進にアクセルとなって作用したことを否めない。

一方、埴科郷開拓団も泥濘のなか苦しい行進を強いられていた。団長池田健太郎には、三歳の二女と身重の妻がおり、最後尾につきながら、

「泣くんじゃねえど、泣くんじゃねえど」

と、女子どもたちを励ますことを忘れなかった。池田団長のその姿については、生きのこって帰った数少い団員の口で語り伝えられている。

勃利の街から五十キロの地点、大東開拓団跡にたどりついたとき、そこにもまた黒煙が上り、遠く銃声がこだましていた。絶望のうちに、下水内開拓団では解散式が行われ、畜産指導員の所持していた青酸カリで何家族かが自決したという噂が埴科郷の人びとにきこえてきたときにも、

団長さんが「どんな事があっても自決することは許さない。又誰一人個人行動をとってはいけない。生きるも死ぬも天の命に従うのみだ。最後まで頑張り通そう、総てを神に委せ動揺してはいけない」と落着いた態度で申されました。


と、団員のひとりは伝えている。それと同時に、この大東開拓団跡で、団長の池田は、この夏、勤労奉仕隊としてきていた二十一名の若い隊員たちの別行動を許している。

「奉仕隊員は団員とは違う。満州に骨を埋める覚悟で来ている団員は、私と生死を共にするのは当然であるが、皆さんは増産のお手伝いに来て下さったものである。ど

んな事があっても無事親御さんの元へ帰って貰わなければならない。幸い、皆さんは若い。身軽で自由に行動もできる。なんとしても生きのびてもらいたい。天の佑けを神に祈っています」

こうして送りだされた勤労奉仕隊の女性たちの大半が生還しているのに対して、このときすでに解散式をあげて解体状態に陥っていた下水内郷開拓団の勤労奉仕隊の場合はかろうじて半数が生還しただけであった。

若い勤労奉仕隊を送りだしたあとの埴科郷開拓団には、男子は老人をふくめてわずか十九名、婦女子ばかりが二百十名とりのこされることになる。

大東開拓団(跡)に着いたとき、父の位牌と島田さんの子供の遺体を埋葬してもらった。ここでは何日ぶりかで屋根の下で一夜をすごすことができたが、この時すでに他の開拓団では自決をはじめていることを知った。母親たちが殺気立っていたことを、私は子供心にも気づいたので、できるだけ母親から遠ざかるようにしていた。

と吉池清隆さんは回想をつづっている。もはや、埴科郷開拓団も、自決というパニックと紙一重の境に追いやられていたことが、そこに感じとれる。

二

勃利の街をあきらめて、依蘭《イーラン》へと目標をかえた開拓団の群は、しかしつもる疲労から方向を誤り、暴民化した現地人の襲撃を受けながら、結局、佐渡開拓団跡の周辺を行きつ戻りつしていたのであったらしい。

八月二十三日の夕刻、ソ連の偵察機が、佐渡開拓団の囲壁から五百メートルほどの至近距離の麦畑に不時着したのが、悲劇をよぶ発端となった。異常な雰囲気のなか、おかれた状況を顧る余裕もなく、阿智郷、南信濃郷の団員が現場にくりだしていくと、搭乗兵に団員一名が射殺されるという事件が起こった。激昂は分別を失わせる。ついで夜陰に乗じて更級郷の団員が不時着の機体を焼きはらってしまった。

当然、報復を覚悟しなければならぬこの緊急事態に、開かれた各団の団長会議も結論の出しようもなかった。

翌二十四日の昼は何ごともなくすぎたが、不気味な静寂と不安に耐えかね、高社郷開拓団では、自決の気運がふたたび頭をもたげはじめていた夜半、ソ連の装甲車四台が部落の正面に姿を見せた。出発以来、他の開拓団と齟齬《そご》を生じ、自決指向を強めていた高社郷では団長以下十八名の団員が、他団にはかることなく古幡副団長を先頭に斬り込みをかけ、搭乗兵八名を殺害して車を焼き払ってしまった。

これら一連の行動は、死地を脱しようとするもののそれではなく、自ら死地を求めてのものであったように映る。事態はもはや、打開すべくもない方向に突きすすんでいたといってよい。

明けて八月二十五日、午後一時、高社郷の宿舎となっていた第二部落で激しい銃声が起こった。むろん、それは敵襲などではなく、古幡副団長以下高社郷五百余名の集団自決が決行された証しであった。銃声につづいて、建物全体が炎に包まれていった。高社郷開拓団の記録をみれば、死者五五六名、生還者五六名、未帰還者十一名、不明九名という数字がならんでおり、生還率八・八パーセントという酷薄な数字が浮かんでくる。

明けて八月二十六日、佐渡開拓団跡は、前日の惨劇をうけて死の静寂におおわれる。大陸の空はよく晴れわたり、秋虫ばかりがすだいていた。幹部会議の結論は、「ここまでくれば、最後まで戦う以外に道はない」というものだった。池田団長は埴科郷の宿舎にもどり、団員全員に語りかけた。

「皆さん、私はここに皆さんに対して言うに忍びないことを申しあげねばなりません。すでにご承知のとおり四面楚歌の中にあって決定的な事件も惹起し、ソ連軍の報復手段が今日明日にもとられることは必定と思わねばなりません。目前の勃利もソ連軍に占領されているのです。いや、情報によると東安にも林口にも富錦にも、佳木斯にまでソ連軍は侵入をし、抵抗もなく次々と占領し、我々はソ連軍の重囲の中に包まれているのです。私どもは軍隊にも捨てられてしまいました。お年寄りや子どもを連れた我々の部隊は、戦うに人なく、武器なく、既に食料も尽き、これ以上団体行動をとることはできなくなりました。団を出てから半月余り、せめて僥倖をと祈りながら、皆力を出しあってここまでともに逃げのびてきましたが、すでに人間業でどうこうできる段階ではなくなりました」

団長池田健太郎は決して雄弁というのではなかった。ひとことひとこと嚙みしめるような言葉が訥々《とつとつ》と綴られていく。

「私は人のいのちほど尊いものはないと信じてきました。人間の生きるも死ぬも神様のすること、総てを天にまかせて神の御心のままに従いましょう。いまの私には皆さんにこうしなさいということはできません。不本意ではあるが、やむなく団を解散します。どうか力のある人は勇気を揮って生きのびてください。自由に行動されるようお願いします。そして運よくどなたでも生きて内地へ帰還されたなら、団長以下一人たりとも敵に背を向けることなく、従容として最後まで戦ったと伝えてください。……私と行を共にする人は静かに神に祈りを捧げましょう」（『埴科郷開拓団の記録』）

ここで、全開拓団が解散をきめるとともに、余力ある人びとは、恐怖につつまれた佐渡開拓団跡を夜陰にまぎれて脱出していったが、埴科郷の場合にも、比較的若い六家族二十二名が悲劇の現場から離脱していった。

佐渡開拓団跡に最後まで踏みとどまったのは、更級、埴科両郷の大部分と、義勇隊、阿智郷、南信濃郷のごく一部だったが、彼らは踏みとどまったというよりも、疲労のはて生きぬく意思を失った人びとだったといってよい。老人と母親と子どもたちの群、気の遠くなるほど静かな八月二十六日を、彼らはどんな気持ですごしたことか。主柱を失った吉池一家も、そのなかにあった。小学六年の吉池清隆少年の見た現場は、こうだった。

運命の日がきた。昭和二十年八月二十七日だ。朝六時ごろだった。ソ連軍は佐渡開拓団跡を包囲し、信号弾を合図に迫撃砲や機関銃、小銃などで、十分間ずつ間をおいては一斉射撃を浴せてきた。皆は団長の指揮で土壁の陰に走って戦闘配置についた。弟妹たちも顔を引きつらせ身をよせあって震えながら、恐怖のあまり声も出さず土の上に腹匍いになっていた。

私もだんだんもの凄くなる砲弾に「助けてえ、死にたくないんだ」と叫びながらも土の上に伏せて身をかがめ砲弾の止むのを待った。丁度その時、宮入の小母さん(29)が、ばたばたとおばあさんや子供が撃ち殺されていくのを見て、もの凄い剣幕で、ソ連兵に立ち向って銃をとってとびだして行った。団長も家の前で軍刀を腹に突き刺して自決していた。間もなく上沢の小父さん(59)が咽喉を撃たれて「オーイ水をくれ」と言いながら死んで行った。

少年はたぶん、そこで気を失ってしまったのだろう。それがどのくらいの時間だったのか。ふと気がついて、

周囲を見ると、家の屋根は落ち、辺り一面死体が折り重なっていた。ソ連軍はすでに部落へ入って物を漁り……だんだん私の近くに来て、そばにいた中村猪之助小父さん(47)を起し、生きていると見るや、その場で射殺し、私の頭も数回蹴り上げたので

痛さをこらえて起ち上ると、「ダバーイダバーイ」と言って部落の中央の生き残った人達のいる所を指さし、そっちへ行けというので、言われるままに従って行くと、生まれて初めて見る青い目の兵士が自動小銃を構えていた。私は声も出ず、「どうか殺さないでくれ」と何度も何度も祈りつづけた。あまり恐しい時を過ごしていたために、肉親のことを全然考える余裕はなかった。

重傷者はその場で射殺されていったので、少年はモロコシ畑に逃げて軽傷者の方に移ったが、ほどなく焼けのこった一室にとじこめられるや、外から手榴弾が投げこまれて、また多くの死者がでるなか、少年は死体の下に埋もれてかろうじて生きのこった。

苦しくなって這い上ってみると、屋根が真赤に燃えていた。びっくりしてとび出し、ソ連兵はすでに引揚げた後だったので、僅かに生き残った私たちは、すぐ前の豚小屋に逃げこみ一夜を明かした。

一夜を明かしたのは、「紅谷さん、島田さん、柳沢さん、与枝子ちゃんと私」だったと少年は記憶にきざんだ。

生きのこった五人は、明け方部落にもどって肉親の姿を探し求めたが、屍の山に茫然として涙することもできず、「埴科郷の人たちもここまできてしまったかと、ぼんやり戦争のむごさに怒りを覚えながら、皆で手を合せて亡くなった人の冥福を祈り」その場を去る。吉池清隆少年が祖国の土を踏むには、それからまだ一年余の長い苦しい道程をへなければならぬわけだが、ここに登場した埴科郷の何人かの運命をその名簿で確認しておこう。

「おばあさんや子供が撃ち殺されていくのを見て」猛然とソ連兵にたち向っていった宮入さんの小母さんの一家。

氏名	続柄	年齢	生死の別	最終消息／現地最後の場所	生死の事由
宮入延雄	本人	32	帰還	23・7・15／ソ連タイシェット	復員
おけい	妻	29	死亡	20・8・27／佐渡開拓団	銃殺
ちよじ	母	67	〃	〃	〃
正義	長男	6	〃	〃	〃
辰義	二男	4	〃	〃	〃
和江	長女	1	〃	〃	〃

六人の運命は名簿で明らかなところだ。

咽喉を撃たれて「オーイ水をくれ」と叫んで死んでいった上沢の小父さん一家。

氏名	続柄	年齢	生死の別	最終消息／現地最後の場所	生死の事由
上沢宗作	本人	59	死亡	20・8・27／佐渡開拓団	殺傷
けさゆ	妻	57	〃	〃	〃
孝匡	長男	18	〃	〃／勃利県七台河付近	銃殺
朝子	長女	15	帰還	53・5・15／勃利県長興公社	引揚
良子	二女	11	〃	54・2・10／勃利県衛生防疫站	〃
澄子	三女	8	未帰還	50・1・1／勃利県七台河市	残留

長男孝匡君は勤労奉仕隊と行動を共にする途中射たれて死んだが、長女、二女、三女は屍の中から中国人に助け出され、そのまま勃利の周辺で別々に育てられる運命をになった。長女朝子さん、二女良子さんは国交回復をまって数年前三十数年ぶりに帰国できたが、三女の澄子さんは、いまなお勃利県の七台河《チーツアイホー》に残留していることが読みとれる。

重傷でそのまま射殺された中村猪之助さんの一家はどうなったか。

中村一家もまた、迫撃砲・機銃・小銃の掃射のなかで全滅した家族のひとつだ。

氏名	続柄	年齢	生死の別	最終消息／現地最後の場所	生死の事由
中村猪之助	本人	47	死亡	20・8・27／佐渡開拓団	銃殺
志づ	妻	42	〃	〃	殺傷

きい子	長女	14	〃	〃	〃
久子	二女	11	〃	〃	〃
ふじ子	三女	7	〃	〃	〃
満造	二男《ママ》	1	〃	〃	〃

吉池清隆少年とともに豚小屋にかくれた四人とその家族の運命をも、ここで同時にたどっておこう。

氏名	続柄	年齢	生死の別	最終消息／現地最後の場所	生死の事由
紅谷 茂	本人	45	死亡	20・8・27／佐渡開拓団	殺傷
あさ	妻	44	〃	21・6／ハルピン花園収容所	栄養失調
進	長男	16	〃	20・8・27／佐渡開拓団	殺傷
雪枝	二女《ママ》	14	〃	〃	〃
武	二男	10	〃	〃	〃
寅夫	三男	7	帰還	50・4・26／勃利県青山公社	引揚

吉池少年とともに豚小屋で難をのがれたのは妻のあささんであったが、あささんは吉池少年とともにようやくハルピンまで辿りつきながら、栄養失調と発疹チフスで吉池少年にみとられながら翌年の六月に亡くなっている。

佐渡開拓団跡の死骸の下に埋もれて命をとりとめた三男の寅夫少年(7)は、中国人に救われて成人し、上沢朝子・良子姉妹同様、三十年たってようやく祖国に辿りつくことができた。

佐渡開拓団跡の惨劇の恐怖と混乱を思えば、母親のあささんを、子を見棄ててハルピンに去ったと、誰が非難することができよう。かりに寅夫少年が母親のあささんとともにハルピンへ脱出していたとしても、地獄にも似た花園収容所で生きぬくことができたとは誰も断言はできない。むしろ、母親のあささんが佐渡開拓団跡のパニック状態のなかで、幼い寅夫少年の首を絞めもせず、男性の誰かにわが児の射殺を頼まなかったことをこそ見据えるべきではないだろうか。

辛くも生きのこった七歳の少年もまた、死の淵にあった一九四五年八月二十七日のできごとを、じつにはっきりと記憶にきざんで、カメラマン江成常夫さんに克明に語っている。紅谷寅夫さんの日本語がたどたどしいものであることは、むろん彼の責任ではない。

ソ連軍、攻めて来たときね、私の家族、佐渡開拓団の中あた学校の部屋にいた。お父さんと二人のお兄さん、外に出ていていなかた。部屋にいたのは、お母さんとお姉さんと私。最初にドーンともの凄い音して部屋のガラス全部壊れた。私のお母さん

「外に行っちゃ駄目よ、危い……」そう言て何回も止めようとした。でもね、私、怖くて外へ飛び出してしまた。そのとき、外に開拓団の人いっぱいいたね。村の周り壁あるでしょ。そこ行て壁の外見たら、ソ連兵、もういっぱいよ。

ソ連兵、村の中に入てきたのお昼ごろだた。大砲撃てから、今度は小さい銃で、ダダダ、ダダダダ……女も子どもも生きているもの皆、撃ち殺したよ。

ソ連兵、入てくる少し前、私、銃持た十八歳か二十歳くらいの日本人見たね。周りに女の人いっぱいいるでしょ。女の人たち、その男の人に「早く私、殺して……」そう言て頼んだ。若い男の人、二人女の人撃て、そして最後は自分も「天皇陛下万才」他にも何か言て、そのあと自分も体を撃て死んだ。………

ソ連兵きた。私、さっき自分で鉄砲撃て死んだ人、その人の下へ入て隠れた。その人、血いっぱいでしょ。その血で、私の顔血だらけよ。そしてソ連兵、私のところ来た。鉄砲の先付いている刃(銃剣)あるでしょ。それで私のシャツ切り裂いた。このとき、もう私、何もわからなかった。死んだも同じよ。気が付いてみたら、ソ連兵、近くにいなかた。開拓団の家あるでしょ。そこ、みんな火付けた。その中、人いっぱい。ぼんぼん燃えたよ。夕方、雨になた。

日本人みな殺されたでしょ。今度、ソ連兵、ひとつの場所集まてきて、殺した馬の肉ね、それ、燃えて人いっぱい死んだ、火のところで焼いて、酒飲んで歌たり踊たり、お祭り騒ぎやたよ、そのこと私、人いっぱい死んでるところからみた。（江成常夫『シャオハイの満州』）

一九四五年八月二十七日、紅谷寅夫少年が屍の下から目にしたものは、まさに〝地獄〟の饗宴だったというべきだろう。のちに彼は自分の名すら、〝紅〟一字を除いて忘れて勃利県の青山《チンシャン》公社で育った。にもかかわらず、八月二十七日の光景は、その脳裡にいまもなおなまなましく焼きつけられて、たどたどしい日本語となって表出されてくる。

寅夫少年の母あささんとともにハルピンの花園《ファユアン》収容所にたどりついた島田ふじ子さん(22)も栄養失調で亡くなった。柳沢ふじ枝さんは辛くも長男宏史君(8)を伴うことができたけれども、二人とも花園収容所で飢えて死ぬ運命をたどっている。二男昌平君(4)は紅谷寅夫少年同様、佐渡開拓団跡の屍に埋もれて命をとりとめ、やはり「残留孤児・王興洲」として中国の養父母に育てられた。

王少年は小学校でオール５の優等生となり、医者になるつもりで中学に進んだが、学費がつづかず、わずか半年で退学し、青山公社で左官になった。

国交回復後、身元がわかった柳沢昌平さんは一家六人、父母の郷里に帰り、いま長野市の若草団地に住んでいる。居間の飾り棚に、『医宋全鑑』という二冊の部厚い書物がある。手垢にまみれるほど読みこまれている。青山公社で左官をやりながら、なお医者になる道を模索した昇平さんの青春の記念碑なのにちがいない。永住帰国して六年になり、夫人の王秀琴さんも日本国籍をとったけれども、夫妻の日本語はたどたどしく、したがって職も定まらないが、長男春男さんはすでに独りだちし、のこる三人の子どもたちの教育に希望を托している。高校生の長女春美さんは、卒業後できることなら、北京に行ってもう一度中国語を学び直したいという。

「中国の経済は日本より遅れています。けれども、中国の人の心は広くやさしいということを、近ごろとても強く感じます」

という彼女のことばが、わたしの心にしみるようにひびいた。

東索倫河をあとにした埴科郷開拓団の人数は二二九名という小規模開拓団であったが、死亡者は一九九名、敗戦から数年のあいだに辛うじて故国の土を踏んだもののわずかに一〇名、その時点での生還率は四・三パーセントと、まれにみる苛酷な運命をになったのだが、同時にまた、二〇名の「残留孤児」が惨劇の現地勃利県周辺に残存することになった点でも、きわだった特色をになっているといってよい。

悲劇の増幅と、人は言うかもしれない。じっさい、このわたしも、埴科郷開拓団の名簿に初めて目をやったとき、「残留孤児」の目立つことから、その父や母の親性に疑惑を抱くと同時に団幹部の統率力の欠如があったのではあるまいかと即断しかけたほどだ。

埴科郷の名簿にくらべれば、隣りの高社郷の名簿はむしろ、きれいだといってよい。高社郷の団員数は七一六名、埴科郷に比べれば倍以上の大世帯にもかかわらず、「残留孤児」はわずか七名にすぎない。

しかし、すでに佐渡開拓団跡の惨劇でみたように、高社郷では集団自決のなかで、幼児・児童を団員の手で〝処置〟してしまった結果だとすれば、「残留孤児」の存在はメダルのもう一面を示しているといえないだろうか。埴科郷の場合の幼児・児童の死は、ソ連軍の報復銃砲撃と放火によるものであって、親たちは子どもに毒薬を飲ませもしなかったし、首を絞めることもしなかった。それゆえにこそ、子どもたちは屍の下で生命を全うするものが多かったと考えた方がよい。

吉池清隆少年は、母親の殺気を感じてなるべく母から遠ざかるようにしていたというけれども、母親のまつのさんは自らの殺気にうち勝って、子どもの首をしめようとはしなかった。じっさい、清隆少年の三番目の弟清治少年(8)も屍の下から奇蹟的に助けだされ、「残留孤児」として養育され、ようやくその身元が確認されて一九八〇年十一月に父母の国に帰りついていることからも、それはいえる。

埴科郷の母親たちをして、最後までその「母性」を保たせた秘密はいったい何だったのだろう。身重の妻をかばい、二女を背負いつつ、集団の最後尾につきながら、泣く子どもたちに「泣くじゃねえど、泣くじゃねえど」と声をかけ、最後まで母親たちに生命の尊さを説きつづけたクリスチャン団長池田健太郎の姿が浮かんでくる。

教育者池田健太郎の存在ゆえに、二〇名の幼児・児童が生命をながらえることができ、彼ら彼女らが現地中国人の手で育てられたことを思えば、埴科郷開拓団「残留孤児」名簿の紙背に、戦争の残酷といっしょに、人間の絶望の底の光が微かに輝いているように思われてくる。

だがまた、埴科郷開拓団名簿から、「自決」の文字をくいとめた団長池田健太郎の「生死の事由」の欄にだけ、「自決割腹」と記されていることにわたしの目は奪われる。死者をして語らしめることは慎まねばならないが、団員約二〇〇名の生命を救い得なかった団長の無念をそこに読みとるのは、慎みを欠くことにはならぬであろう。

三

勃利の街をめざした開拓団と、勃利から引き返してきた開拓団とで、その数三千の群衆が大東開拓団跡に集結したのは、八月十六日のことである。恐怖と飢えと疲労のアマルガムから、ぼつぼつ自決するものが出はじめたころ、初めて、人びとの口に、「日本軍はどこへ行ったんだ、関東軍は開拓団を騙してきたのか」という罵声が上ったと、埴科郷開拓団の記録には記されている。

多くの開拓団の記録をみても、八月十五日の敗戦の報は、どの団にも、正式ルートでは伝えられていない。開拓団にとって正式ルートとは何だろう。関東軍か？　満州国総務庁か？　満州協和会か？　東京の大東亜省か？　はたまた内務省か？　二七万開拓団員の生命の保全に身を挺する一人の〝池田健太郎〟も、それら官公署には存在しなかったといって過言ではない。

松村知勝著『関東軍参謀副長の手記』を読んでも、満州国総務庁次長古海忠之著『忘れ得ぬ満州国』を読んでも、片倉衷『回想の満州国』を読んでも、『満州国警察小史』や戦史叢書『関東軍(2)』やを漁っても、ラジオひとつ持たぬ開拓団避難民の群に、「終戦」の報が責任ある機関を通じて正式にもたらされたという事実は浮かんではこない。諸官公署からうち忘れられ、何らの指示もとどかぬまま、ソ連軍や現地住民の反乱攻撃にさらされつづけた開拓民は、植民地「満州国」の案山子《かかし》という役割から、敗退しつつある関東軍の楯の役割へと転化していた。河という河の橋は、後退する関東軍がソ連軍の進攻を少しでもおくらせるために破壊していったから、後続の開拓団はつねに激流に立往生し、その激流に幼児が何人も投げすてられもした。そのとき、開拓団は、棄てられた民であることを悟らずにはいられなかったはずだ。

ここで歴史年表にあらためて目をやると、ヤルタにルーズベルト、チャーチル、スターリンが相会したのは、一九四五年二月四日。対独戦後処理方針とセットでソ連の対日参戦が決定されている。この決定を受けて、四月五日ソ連外相モロトフは駐ソ大使佐藤尚武に日ソ中立条約不延長を通告してきた。

モスクワ大使館付武官室では、情勢の急変に対処するため、補佐官浅井勇中佐を、急遽帰国させるべく東京の諒解をとり、浅井中佐は四月十九日、モスクワを発ってシベリア鉄道を東行した。浅井中佐はシベリア鉄道沿線に何をみたか。

オムスクからは複線となり、急行列車は順調に運転され、貨物、軍用列車は側線に待避するため、視察に好都合であった。東行するに伴い軍用列車が増え、戦車に占領都市(ヨーロッパ戦線)とおぼしき名称や士気を鼓舞するようなスローガンが認められ、独ソ戦線からの抽出部隊たることが裏付けられていた。……二十六日タイシェットを通過、極東地域に入るや、各駅ごとに兵員、車両、諸資材が充満し、明らかに集団輸送による渋滞があり、同日午後外蒙方面支線の分岐点たるパプシキン駅では有力な機械化部隊の卸下作業が現認され、外蒙ウランバートル方面への増強が物語られていた。

（戦史叢書『関東軍⑵』）

この日、浅井中佐は、チタの総領事館に入り、翌四月二十七日関東軍を経由して、大本営参謀次長河辺虎四郎中将にあてて、つぎのように打電している。

〈シベリア鉄道ノ軍事輸送ハ一日十二〜十五列車ニオヨビ開戦前夜ヲ思ワシメルモノアリ、ソ連ノ対日参戦ハ今ヤ不可避ト判断サレル。約二十箇師団ノ兵力輸送ニハ約二カ月ヲ要スルデアロウ〉

きわめて確度の高い観察だったというべきであろう。国境の町満州里《マンチヨウリー》から乗りついだ満鉄の車中、チチハル駐屯の第三方面司令官後宮惇大将に右の観察を告げると、後宮大将は憮然たるおももちでこう言った。

「もしソ連が出てきても関東軍の戦力をもってしては到底それを阻止しえないだろう。大本営に速やかに外交的措置を促進し、ソ連の参戦を防止するよう話してくれたまえ」

さもありなん、一九四一年「関特演」の略称で対ソ作戦を仮想して増強展開された関東軍の総兵力は五十万人、泣く子も黙らせるほどの力を誇示していたものが、南方激戦地への兵力転出で、見るかげもない状態におかれていたのである。総司令部のお膝元の新京空港には、戦闘機に偽装されたグライダーが並べられていたほどなのだから。

そのころ、長野県農業会窪丹崗《ワタンカン》報国農場に十代の若ものたちを主体にした奉仕隊二百数十名が送り出されているが、奉仕隊につきそっていった北沢小太郎さんの証言によれば、任務を果して五月帰国した関釜連絡船で乗りあわせた客の大半が高級軍人関係の家族たちだったという事実もあった。ついでにもう一つの事例をあげておかなければならない。

わたしは最近、「残留孤児」を支援するある一つのボランティアの集まりで、敗戦の年の八月二十七日に牡丹江から列車で一路釜山へと南下し、釜山港から一隻のチャーター船に幸運にも乗りあわせて帰国したという二人の婦人に会った。彼女らはともに満州国警察官の夫人で、夫の命ずるままに、「東満」の奥地からいち早く脱出する幸運にめぐまれたのだが、彼女らの乗りあわせたチャーター船の乗客は、あの細菌戦の石井部隊の関係者ばかりであったという。ソ連軍侵入前に石井部隊の施設はすべてダイナマイトで破壊され、北満のアウシュビッツはみごとなまでに消し去られていた。

八月十五日から二週間もしないうちに、「東北満」の奥地から引揚げられたという人たちを、わたしはほかに知らない。八月二十七日といえば、戦争終結の報を知ることなく、佐渡開拓団跡で埴科郷の開拓団が玉砕し、屍の折り重なる血だまりのなかで、紅谷寅夫少年が地獄のような酒宴をじっと眺めていたときであり、吉池清隆少年が豚小屋に難を避けて震えていたその同じ日であることを考えあわせれば、関東軍は開拓団を騙したのかという怨嗟の声が上っても不思議ではなかった。

概して、四月五日の日ソ中立条約の不延長通告から八月八日のソ連参戦まで、関東軍は「来たらざるをたのむ」という希望的心理によって立つ楽観的情勢判断に安住していたといえぬであろうか。四月、関東軍総司令官の公邸には増築の槌音がひびいていたというではないか。わたしはその事実を聞いたとき、耳を疑ったあと、しかしと考え直した。山田乙三総司令官は、戦局のきびしさを計算した上で、現地の人心の動揺を防ぐため、関東軍健在なることを誇示すべく、わざと公邸増築をすすめていたのではなかったか。そう推測したのだが、やはり増築にそんな危機感があったわけではなかったようだ。

対ソ作戦にそなえて、対戦車壕やトーチカが国境地帯に構築されつつあるのと併行して、官舎の増築が行われていたとすれば、そこには一定の意味を見いだすことも可能なのだが、新たにトーチカはひとつも作られてはいなかった。そればかりではない。新京が爆撃された日、関東軍司令部の地下司令室には水がたまっていて、使用不可能なことがはじめて判明したのだということもきいた。また、ソ連参戦の日、山田乙三総司令官は、表向き大連における国防団体の結成式典に出席するため、総司令部に存在しなかったともいう。

関東軍総司令官は、「駐満特命全権大使と二位一体の性格」をもち、「満州国」の内面指導にあたる立場にあった。いわば「満州国」の全能たるべき人物が、運命の日に「新京」に存在しなかったという事実のなかに、謀略によってつくりあげられた幻の国「満州帝国」の弛緩と頽廃と空洞化とが顕現されてはいなかったろうか。当然なことながら、狼狽のうちに、あらゆる対応が決定的な立ち遅れを示した。わけても、開拓団二七万人は、大陸の広野に野ざらしとなった。

四

ヨーロッパの戦史にくわしい友人の言ったことばが耳を離れない。戦争終結にあたって敗戦国が全力をあげて最初にすべきことは、被占領地域における同胞の安全を計ることにある。この敗戦学のイロハは〝国体の護持〟のかげにかくれて放置された。「残留孤児」問題が四十年をへてなおなまなましく語られねばならぬことは、国家論の骨格にまでかかわるように思われてならない。

そんなことを考えながら、わたしは、敗戦当時、大本営陸軍部参謀として、参謀本部作

死んだ母親の遺骨を胸に抱く少女——奉天の孤児収容所にて
(飯山達雄氏提供)

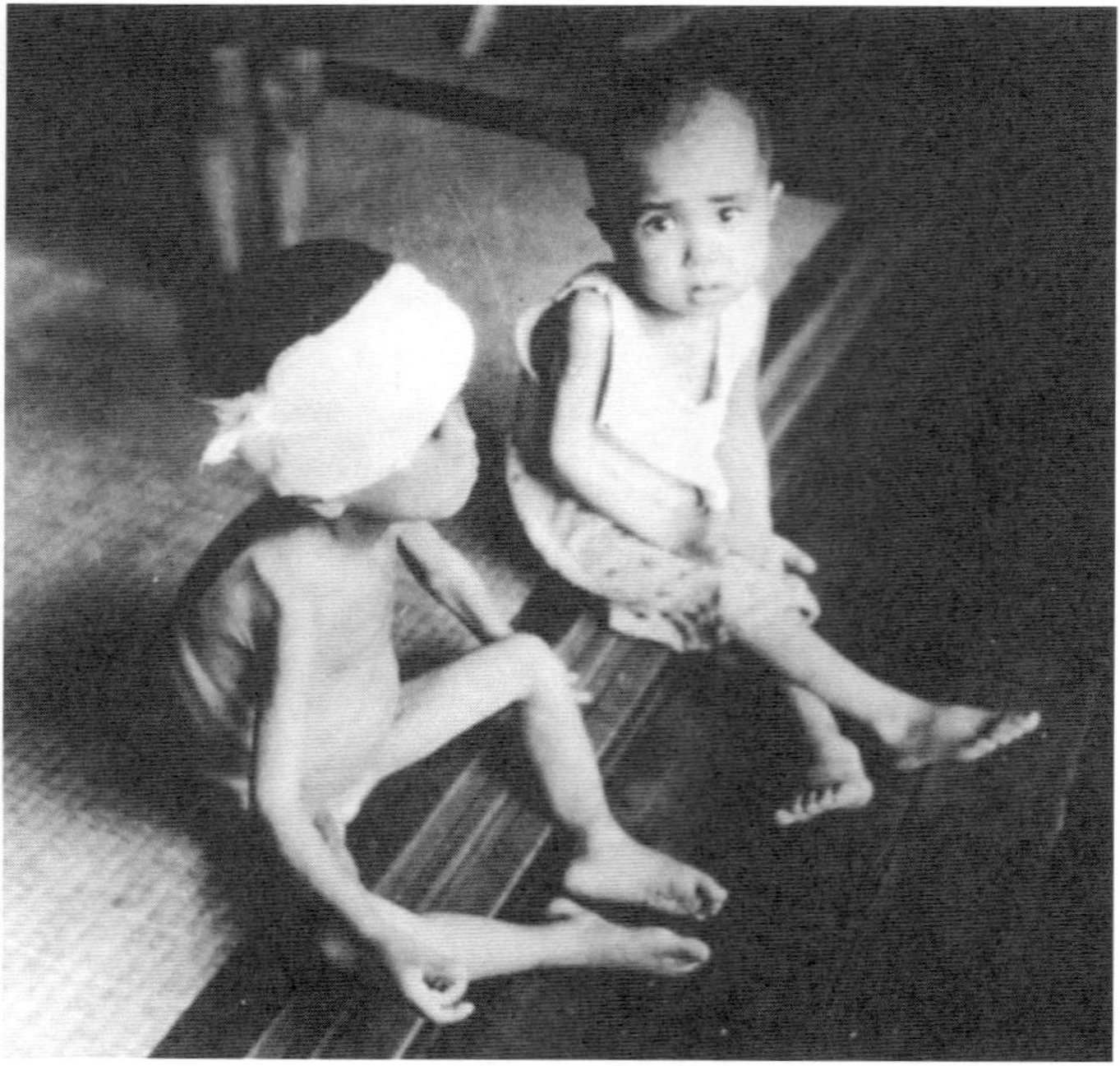

奉天の孤児収容所にて(飯山達雄氏提供)

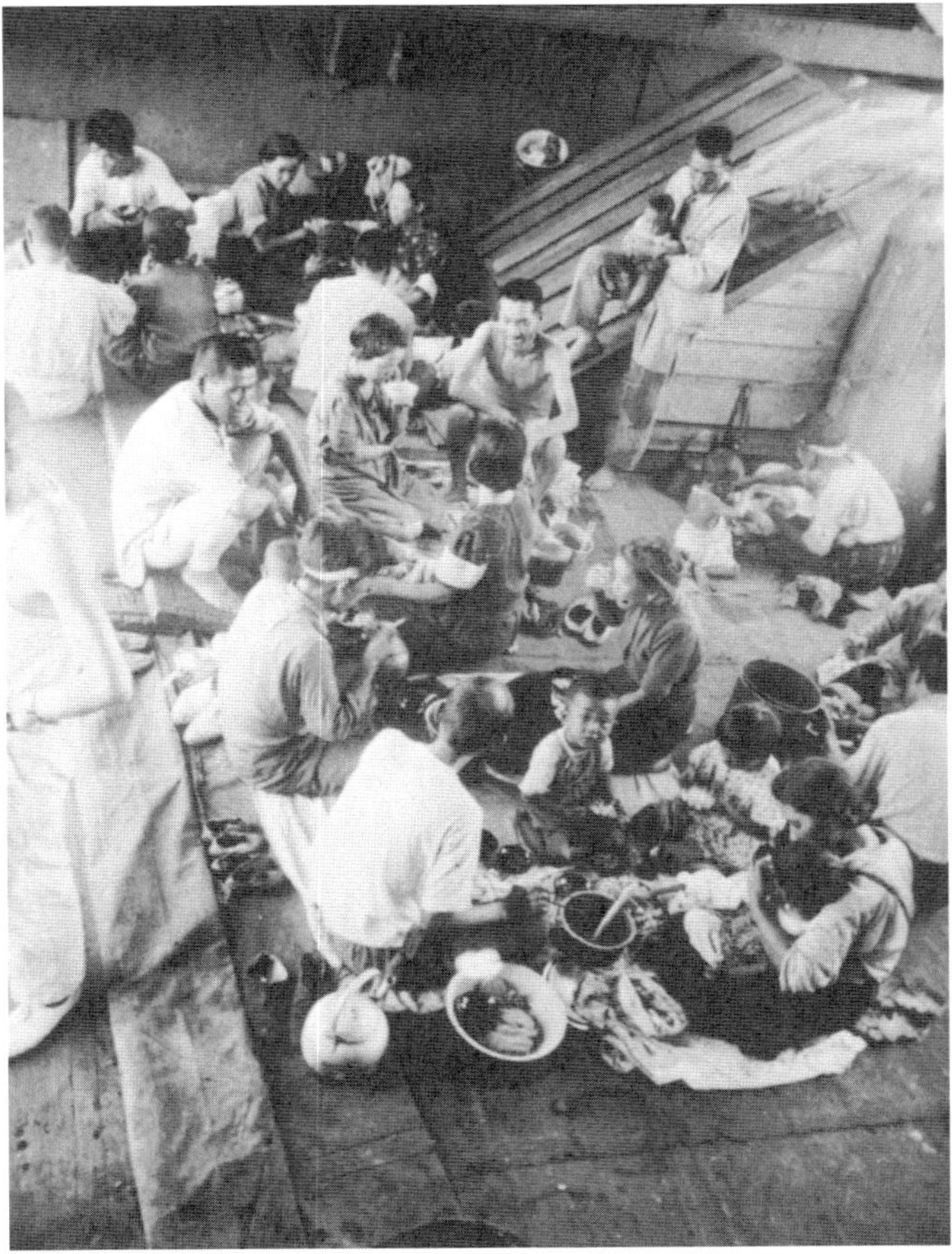

引揚げ船の中で(飯山達雄氏提供)

戦課にあって、対ソ作戦を担当していたという朝枝繁春元中佐が健在と知って、お訪ねしようと思いたった。

「一時間ほどお話をきかせていただけないでしょうか」

というわたしの申し入れに対し、受話器からは、

「一時間？　一時間で何が話せますか。少くとも六時間必要です。十分時間をつくっていらっしゃい」

という老人のことばが返ってきた。

小田急線の生田駅からほど近い、丘陵を背にした簡素な住宅に桜が一本咲きほこっていた。半年前、軽い脳梗塞を患ったというこの家のご主人はサンルームのようなテラスにわたしを招じ入れ、

「脳梗塞は再発するそうだから……」

とひとごとのようにつぶやきながら、四十年前の回想に入った。後遺症が足にいくらか認められるものの、語りはじめるや、老人はかつての「陸大軍刀組」の明敏な参謀にたちもどったかのごとく、敗戦の年のはじめ、比島から呼びもどされて、参謀本部作戦課に復帰し、八月九日ソ連参戦の時点で最後の〝大陸命〟を起案するまでの経過を克明に語ってくれた。

昭和二十年一月二十三日、バギオを発った朝枝参謀は、着任するとまもなく、南京から新京を回り、現状把握をして東京に戻ったが、四月ソ連の不可侵条約不延長の通告の時点で、作戦課は次のように結論づけざるをえなかった。

対米戦が熟柿の段階でソ連は必ず参戦するであろう。前門の虎でなく、後門の狼にやられることが予測される。南と同じ兵力を北へ向けぬ限りとんでもないことになるであろう。

そこで作戦課として総合戦力の準備いかんを問われても、「はっきり言って知恵なしと申しあげる」以外にないような状態であった。

作戦計画というものは通常一年前にとりかからなければ万全を期すことはむつかしい。人は動くけれども、物は動かぬからだと、元参謀は語る。ザバイカル方面のクリエールから入るソ連軍増強の情報に「大変な恐怖」にかられ、「正直、満州は保《も》たないだろう」というのが、比島からの帰り新参の作戦参謀の率直な感想でもあった。不可侵条約の有効中に、たとえば北カラフトの採油権、オホーツクの漁業権放棄を含むような「偉大な外交的謀略」によって参戦を食いとめる以外、「脈ありませんぞ」という朝枝参謀と、当面ソ連参戦なしとする種村戦争指導班長との激論は、戦史叢書『関東軍(2)』にも収録されている事実だ。

作戦連絡のため渡満した朝枝作戦参謀のため、軍司令官山田乙三大将は慰労の宴をもうけてくれた。増築中の官邸、酒宴での司令官夫人の和服姿、山海の珍味、そこにくり広げられる光景は〝王道楽土〟そのもので、比島の激戦の悪夢さめやらぬ若き参謀は、酒の力も手伝って、「無粋をお許しください」と前置きし、

「閣下、この立派な官邸には数カ月後、○○スキー将軍が住むことになるやも知れませんぞ」

と皮肉をとばしたあと、比島での経験をふまえて、もっとも心にかかっていたことを二つ、ベタ金の閣下に向かって直言した。

その一つは、レイテ戦を前にして、在留邦人を赤十字船に乗せて送り帰す手配を軍政官に申し入れて、「作戦参謀のやる仕事か」と怒鳴られたことを例にひきながら、ソ連参戦必至のいま、在留邦人を極秘裡に櫛の歯を抜くように引き揚げさせるべきこと。さもなければ、作戦行動はとれませんと、朝枝参謀は断言した。

第二に、軍家族は軍編成をしてただちに訓練を施し、危急のとき護衛なしに大八車に三カ月分の食糧をのせて釜山へ向うよう、ぬかりなくおやりください、というのは酒席での

太鼓帯のご夫人方への警告の意味でもあった。

　とはいえ、その時点はさし迫ったソ連参戦から逆算して四ヵ月前だったのだから、在満百余万の同胞の後送計画というものは事実上、不可能なることも明白であった。当時の輸送力からして、百余万の邦人の引揚げには、それだけでもゆうに一年の歳月が必要であったろう。とりわけ、ソ満国境に近い地域に配されている開拓団の動きはつねに敵の監視下にあるとさえいえる。櫛の歯を抜くように引揚げるとしても、すべて見通されているとすれば、引揚げそれ自身が参戦への呼び水となることを恐れて、開拓団引揚げは、ついに最後まで関東軍の作戦計画中にくみいれられることはなかった。

　七月上旬になって、ソ満国境から入ってくる情報は、事態の緊急性を示すものばかりとなった。東部正面、スンガチャ川に入った偵察隊によれば、国境周辺をしきりにソ連機が飛んでおり、オロシロフ平地の国境守備隊を望見するに、夜間、自動車のライトの点滅しきりとも伝えられてくる。歩兵大隊の戦闘展開には、少なくとも約一ヵ月を要するとすれば、八月の攻勢が予測された。

　それを裏づけるかのように、シベリア鉄道の輸送物資を分析するなかで、防寒具が浮かび上ってこないことが注目された。攻勢を九月以降とみれば、当然北満の戦野に防寒具は不可欠だからだ。一五〇パーセント、八月にソ連は出てくる。それがわかっていて、すべてが後手にまわる口惜しさ。この期におよんで邦人の引揚げは不能に近い、天を仰ぐ以外にない心境であったと、元作戦参謀は当時を苦く回想する。

八月八日、朝枝中佐は参謀本部の寝台で、地図を枕に寝た。翌早朝、五時にスイス大使館付武官から第一報が入った。つづいて、燎原の火のように、各地から暗号無線は作動しつづけた。午前十時、参謀次長河辺寅四郎中将、作戦課長真田少将、作戦班長細田大佐を交えて会議が開かれ、関東軍への最後の命令、「大陸命第一三七八号」が朝枝中佐によって起案された。

〈大陸命第一三七八号　命令〉

一、大本営ノ企図ハ対米主作戦ノ完遂ヲ期スルト共ニ「ソ」聯邦ノ非望破摧ノ為新ニ全面的作戦ヲ開始シテ「ソ」軍ヲ撃破シ以テ国体ヲ護持シ皇土ヲ保衛スルニ在リ

二、関東軍総司令官ハ主作戦ヲ対「ソ」作戦ニ指向シ来攻スル敵ヲ随所ニ撃破シテ朝鮮ヲ保衛スヘシ

三、細項ニ関シテハ参謀総長ヲシテ指示セシム

昭二〇・八・一〇

奉勅伝宣　参謀総長　梅津美治郎

関東軍総司令官　山田乙三殿

通常、〈大陸命〉は下士官が毛筆で清書しコンニャク版にしたものに連帯判をおし、最後に「御允裁」という手続きがとられるが、この最後の〈大陸命〉は、朝枝中佐の鉛筆書きのまま「御允裁」をへ、乱数暗号表によって、札幌、朝鮮、支那派遣軍、関東軍へと伝送されていった。

大本営は騒然たる空気につつまれていた。このとき、作戦課の電話が鳴り、外務省からつぎのような問合せがあった。

「日ソ不可侵条約の不延長通告はあったものの、通告から一年間は有効のはず、ソ連の対日宣戦布告は明かに国際法に違反するものです。対ソ宣戦布告をすべきでしょうか」

受話器をにぎったまま、朝枝中佐は答えた。

「作戦課の一参謀が答えるべきものではなく、国家として決断すべきことと思いますが、統帥部としては対ソ宣戦布告に不同意です。ここは、韓信の股くぐりでいきましょう。国際法違反の非は戦後訴えればよいことです」

当時を回想しながら、朝枝老人は言う。

「あそこで同意していたら、泥棒にも三分の理をあたえることになったでしょうね。戦後の分断国家を防いだという点で、わたしは職責を百パーセント果したと思っています。だが、残留孤児を犠牲にしたことで……」

と朝枝さんはしばしことばを途切らせた。朝枝参謀の起案した〈大陸命〉は禅問答のような文体で読者をとまどわすに十分だが、そこに貫かれている思想もまた、外務省との電話のやりとりに通ずるもので、関東軍への命令でありながら、そこに一言も「満州」の文字が見えぬことに注意しなければならない。最後の〈大陸命〉は「満州国」の放棄を指示していると、わたしには読める。すでに見てきたように、「満州」全域でソ連軍と相対するには、関東軍が張子の虎にも足らぬことを、統帥部ではすでに四月以来熟知していたことの、それは表現でもあった。

この禅問答のような〈大陸命〉を現地に赴いて敷衍《ふえん》する任務をおびて、朝枝中佐は八月十日、立川飛行場から新京へ向けて飛びたった。重爆撃機が立川を飛びたったころ、最高戦争指導会議は、ようやくポツダム宣言受諾の方向に大きく歩みだしていた。

八月十日から十四日にかけて、この作戦参謀がどのように動いたか、語り尽せぬほどのエピソードがそこには秘められているけれども、すでに戦争の終結は目前に迫っていた。八月十四日午後十一時、参謀本部作戦班長細田大佐から軍用電話が入った。

「南京に行かんでもよろしい。すぐ帰国せよ、理由は聞かんでくれ」

細田大佐の声が嗚咽でつまった。その瞬間朝枝中佐はすべてを諒解した。

「そのまま、朝枝中佐はソ連に抑留されることになったのですか」

わたしは思わず尋ねた。

「いや、作戦参謀は万難を排して帰る義務があります。八月十五日、正午の放送を新京飛行場できき、そのまま立川に向かいましたよ」

立川飛行場から車をとばして市谷の参謀本部に帰りついたのは、その日の夜半であった。作戦課のなかは興奮と殺気にみちていることをみてとった朝枝中佐は、部下を集め、

「たがいに早まって軽率なことをするな。一人や二人が自決してみても、天下の大勢はどうにもなるものではないし、責任を免れることができるものでもない。われわれは大死一番、耐え難きに耐えて生きのび、歴史に大東亜戦争の正史を伝え、国家・

民族の再建に死力を尽すことが吾々の道ではないか。断じて軽率なことをしてはならぬ」

と訓示した。それから数時間後、正確には翌朝午前三時、サイパン玉砕の責任をとって担当参謀の晴気誠少佐が自決したことを同期の益田少佐(三島事件のときの自衛隊当事者)が報告にきた。

「雄健神社の前で晴気の切腹に立ちあい、苦しんでいましたので、自分は拳銃でコメカミに最後のとどめをしてやりました」

「このバカモノ、あれだけ言っておいたのになにごとだ」

益田少佐を怒鳴りつけずにはいられなかった。

僚友の死を葬ったあと、朝枝中佐は誰に命ぜられもせず、誰にも相談することなく、数葉の書類を作成した。

〈朝枝中佐、満州方面における終戦処理のため出張を命ず〉

外交官資格を証明する文書も自ら作成して、べたべたと判を捺した。羽田空港にあった満航機の手配もすべて自らの手でなしおえた。

彼の胸ポケットには最高戦争指導会議の決定に基く要旨、次のような最終命令が入っていた。

①関東軍総司令官は、米ソ対立抗争の国際情勢を作るように作戦を指導すること。

②将来の帝国の復興再建を考え、関東軍総司令官はなるべく多くの日本人を大陸の一角に残置するよう計画すること、残置する軍、民の日本人の国籍はどのように変更してもよい。

市ヶ谷台を出るところで、戦争指導班長西村敏雄少将とばったり顔をあわせた。

「閣下、これから新京へ飛びます」

統帥部きってのロシア通であった西村少将は、その〈愚行〉なることを戒めてとめたが、自らくだした命令にそむくわけにはいかなかった。

京城の金浦空港で給油し、新京空港に無線を入れたが応答はなかった。ますます、自らの命令にそむくわけにはいかなくなっていた。新京上空に達して旋回しながら電波を送ったがなお応答はなかった。強引に着陸するや、たちまち空挺部隊にとり囲まれた。ロシア通の西村少将の予言は正しく、外交官特権も国際法も通用することなく、抑留され、関東軍関係者とともに九月七日、ハバロフスクに送られ、長い長い抑留生活を送ることになった。

わたしの持参した新しい大学ノートが、ちょうど最後のページまで塡まったとき、時計に目をやると、朝枝邸にうかがって、ちょうど六時間が経過していた。

最後に、元作戦参謀の朝枝さんは声をしぼるように、こうつぶやいた。

「ひるがえってみれば、満州で日本人がやったことは強盗のようなものです。泥棒の子どもを引きとって養ってくれたようなものです。残留孤児の問題を、中曾根さんは全力で解決しなければいけません」

ちなみに、前大戦での関東軍の戦死者は、ノモンハン事件を含めて四万六七〇〇名、開拓団の犠牲者は上回ること約二倍八万余名といわれている。

第6章　四十年の空白

鶴崗の日本人炭鉱労働者(1950年7月)　(松本千代男氏提供)

一九八五年の秋、「中国残留孤児」が肉親探しのために訪日した。新聞はこれをつぎのように伝えている。

—

肉親を捜す中国残留日本人孤児の第八次訪日団百三十五人の第一陣、黒竜江省在住・第一班の四十五人は三日午後一時半、中国民航機で成田空港に到着したが、歳月を加えて参加孤児たちには白髪頭も交じり、ようやく祖国を踏んだ感動に目頭を押さえる姿も見られた（『読売新聞』一九八五年九月四日）

「白髪頭《しらがあたま》」と形容された劉傑さん(41)は、敗戦時一歳、父は軍人、母と姉に連れられて巴彦県の公会堂に避難したとき、韓靴店で養父劉彦芳さんに引きとられた。むろん、両親、姉の名も不明。引きとられた当時、全身に芥癬《かいせん》ができていたといい、左ふとももの内側に多数のほくろがある。血液型はB。

劉傑さんに関する手がかりといえば、巴彦県の公会堂にいたということと、ふとももの内側に多数のほくろがあるというこの二つの事実だけだ。父は応召し、母姉が亡くなっているとしたら、劉傑さんのアイデンティティを四十年前にさかのぼって、いったい誰が保証してくれるというのだろうか。

一行はこの日、成田空港からバスで、滞日中の宿舎兼調査会場にあてられている代々木のオリンピック記念青少年総合センターに迎えられたが、記者会見に臨んだ団長の顧玉林さんの挨拶には、「この仕事(肉親探し)は、海の中から一本の針を拾い出すようなものだ」という痛切なことばがあった。団長の顧さんをふくめて四十五人の多くが、劉傑さんとそれほど変らぬ漠然とした手がかりをしか、そのバッグに秘めてはきていないからであった。

劉傑さんの肉体には、たしかにもうひとつのきわだった特徴があった。四十一歳とは、とても信じられない、翁《おきな》のような白髪。短く刈りこんだ、小柄な彼の頭髪のその白さは、「北満」の凍土に積もる厚い霜を想起させるとともに、日本語ではむろんのこと中国語でさえもよく表現しえない彼の四十一年の歳月の心のひだを示しているように思われたのである。

彼ら彼女らを歓迎するささやかなパーティが虎の門に近い中国料理店で開かれた席上、ボランティアのひとり千野誠治さんがわたしの耳もとでささやいた。

「この人たちを四十年間ほったらかしてきたこの日本という国がますます嫌になります

な。嫌になればなるほど、この運動(救援)に深入りしていくことにもなりますな」

千野さん自身、かつて満蒙開拓青少年義勇軍の一員として、大陸に送りだされていった過去をもつ。まかりまちがえば、屍を曠野にさらしたかもしれない、彼ら彼女らの兄貴分だというような気持が、いま彼を「孤児」の国籍取得・雇傭促進運動にかりたてているのではないだろうか。

千野さんの言葉に、わたしも深く肯かずにはいられない。


この夏、わたしは汗をふきふき、戦後四十年にわたる日中関係史に目をやり、古い新聞のファイルをひっくり返し、何冊かの書物を漁るなかで、最後に古川万太郎著『日中戦後関係史』を第八次訪日団の来日する前日、九月二日にようやく読みおえた。気づいてみれば、ちょうど四十年前の九月二日、米艦ミズーリ号上で、日本全権重光葵、梅津美治郎の手で、降伏文書に調印が行なわれ、連合軍総司令部の指令で、正式に日本軍の武装解除が行なわれた、その日だ。

いまでは八月十五日のかげにかくれて、九月二日という日は日本人の記憶からはすっかり遠ざけられているけれども、中国では、いまでもこの日は忘れられてはいない。ちょうど満四十年を迎えたその翌日、第八次訪日団が肉親探しのために送られてきたのだというその日のめぐりに気づいて、わたしはハッとさせられた。

一九四五年九月二日、旧満州、中国東北部においても、連合軍の指令第一号は民衆の歓声に迎えられたはずなのだが、すでに、内戦―革命戦争の渦にまきこまれてもいた。しかしその内戦の渦中にあって、八路軍、国府軍の入り乱れるなか、翌年から数年にわたって日本人の引揚げが行なわれたことに留意する必要がある。こまかいことをいえば、引揚船の手配はともかく、百万人をこえる引揚者の旧満鉄の乗車券は被占領下の日本政府が支弁したのか、どこの誰が支払ったのかさえ知らぬことが、わたしには恥かしい気がする。

当方は敗戦の衝撃と食糧難のなかであえいでいた。とても礼節などにまで思いをいたす余裕はなかったというのは言い訳にはならぬだろう。向うは内戦―革命戦争のドンパチのなかにあったにもかかわらず、敗戦国民の送還は遂行されたという事実に照らして、たとえ被占領下にあって外交権も奪われていたとはいえ、かつて国策で送りだした人びとの名簿にもとづいて、誰ひとり洩れることのないような配慮を国の責任において果すことを怠ったことも、いまあらためて銘記する必要があるだろう。

とりわけ、ソ満国境に近い奥地にとり残された開拓団の生存者たちには、引揚げの通達がとどくはずもなかった。大八浪泰阜村開拓団の生存者たちもその例外ではなく、一九五三年まで現地にとどまっていた人も珍しくはないし、そのまま現在にいたっている「残留者」も多いことは、すでにふれた。

「流亡三部曲」の筆者篠田欽次少年の足跡にもう一度戻ってみよう。満十七歳とわずか二十五日目に、ソ連参戦にともなう〝根こそぎ動員〟で父親の幸一さんともども家族と別れた欽次少年は、捕虜としてプラゴエスチェンスクに送られるが、ジャガ薯の選別に似て、未成年のゆえにふたたび国境の街黒河《ヘイホー》に送り帰される。

流亡の果にたどりついたのは炭鉱の街鶴崗《ホーカン》で、彼もまた一九五三年までその青春をここにおくる。八路軍の女性政治工作員崔さんから教えられ、心にやきついている歌を、篠田欽次訳でつづると、こうなる。

とうとう流るる松花江
楽しい故郷香り高き　野の幸豊か
とうとう流るる松花江
楽しい故郷　老いし父母住むわが家
九一八　九一八　のろわれのかの日よ
九一八　九一八　忘られぬその日よ
故郷はなれて　無限宝庫をすて

幾年さまようことぞ
ああ何時の日帰れることやら
何時またあえる故郷の山々
恋し　父母何時の日めぐりあうやら

長白黒竜　いざさらば
流れのがれて　あてなく
さまよい　つづく幾年月
我らの祖国踏みにじられ
我ら身を休める所なし
ああ故郷よ　ああ父母よ
楽園いま　影なく
我らみな　涙にむせぶ
嘆くのを止めよ　敵の砲火に
仲間みな傷つき　倒されたのだ

ここに歌われている九一八とは、いうまでもなく一九三一年九月十八日、関東軍参謀花谷大佐らが柳条溝に爆薬を仕掛けた日のことだ。「九・一八」と「九・二」とは、十五年をへだてて中国大陸の東北にいまもなおきざまれていることを、われわれは銘記しておく必要がある。この唄は、趙容弼の「釜山港へ帰れ」に通ずることはあっても、千昌夫の「北国の春」とは異質のように思われる。

敗戦から二年たった秋、鶴崗炭鉱に在住する長野県人の会ができていた。そこに、ハルピンで八路軍の看護婦に留用となってもどってきた同じ開拓団の相原はつえさんがいて、篠田青年の兄事する佐久誠さんを通じて一通の手紙がとどけられた。佐久さんは「慎重に前置してから、諭すように話し」手紙を渡した。そこには、祖母レイさん、母ウメヨさん、弟欽三君の死亡の様子がしたためられていた。

炭鉱の街鶴崗にも、革命の炎が燃えた。この唄とともに学習運動が展開され、訴苦運動、担白《タンパイ》運動、そしてついには反動闘争へと、その波が高まっていくのを、篠田青年は目撃している。

私が、炊事場で、昼食用の赤丸大根を切っていると、李が、今日「ルーカンウー」と云う反動分子の「ユージエ」(高帽子をかぶせて、村をひきまわす事、湘潭、湘郷ではそれを遊困《イウコン》といい、醴陵では遊壟《イウリヨウ》といった）があるから見に行こうと誘った。すでに二、三回見ているので、又あれかと思ったが、李の話では、満州国時代、東山《トウンシヤン》の苦力頭をしていた、すごく悪い奴で、闘争会にかけられる中では大物の一人だというので、どんな大物か、興味半分見に行った。かねや太鼓で、はやしたて、「ユージエ」が来た事を民衆に知らせる。反動分子の「ルー」は、サーカスのピエロが、かぶる様な、円すい型の高い帽子をかぶって、両手を、後手に縛られ、民衆にかこまれて、自分の職歴を云わされていた。いい終ると、そばの公安兵が、まだあるだろうと云う。又次の罪状を、ぼそぼそと云う。最初は、公安兵が云っていたのが、何時の間にか、民衆が云うようになり、「ルー」が答えると、その度、民衆から罵倒があびせられた。一週間後、「ルーカンウー」に民衆の判決と処断がくだされるその激烈な光景を、篠田欽次青年はじっと見とどけ、それを「流亡三部曲」に克明につづったあと、自らの感想は抑えて、毛沢東の「湖南農民運動の観察報告」の一節を書きとめている。

　これは広大な農民大衆が、たちあがって、かれらの歴史的な使命を完成したのであり、村の民主勢力が、たちあがって、村の封建勢力をくつがえしたのである。宗法的な封建的な土豪劣紳や不法地主階級こそ、幾千年らいの専制政治の基礎であり、帝国主義、軍閥、腐敗官吏どもの足場であった、この封建勢力をてんぷくすることこそ、国民革命のしんの目標である。孫中山先生が四十年間も国民革命に努力しながら、やろうとして、やれなかったことを農民は数ヶ月のあいだにやりとげてしまったのである。これこそ四十年はおろか、幾千年ものあいだなしとげることのできなかった偉大な功績である。

これこそたいへん結構なことである。なに一つ「むちゃ」なことはないし、すこしも「むちゃくちゃ」ではない。「むちゃくちゃ」だというのは、あきらかに、地主の利益のがわにたって、農民のたちあがりを打撃する、理論であり、地主階級が、封建的な旧秩序を維持し、民主的な新秩序の樹立を妨害しようとする理論であって、あきらかに反革命的な理論である。革命的な同志は、誰一人尻馬にのって、いいかげんなことをいってはならない。もし革命的な物の見方をしっかりつかんだ人であり、しかも農村にいって一度でもその実情をみてきた人であるならば、きっといままでになかった愉快さをおぼえるにちがいない。そこでは何百何千万という奴隷の群—農民が、自分たちの生血をすする敵をうち倒したのである。農民の行動は、まったく正しい。かれらの行動はたいへん結構なことだ！「たいへん結構だ」は、農民やその他の革命派の理論である。すべての革命的な同志は、国民革命には、農村の大きな変動が必要であることを知らなければならない。

それは内戦から革命への避けることのできない過程であったのだろうが、旧満州、東北地区の各地に無数の「ルーカンウー」が「日本帝国主義の走狗」として処断されていったろうことを、心にとめておく必要がある。ルーの処刑は漢奸としての所業によってだったとしても、ルーを漢奸に育てあげたのは、日本の「満州政策」の結果にほかならない。

二

いま歴史年表をみれば、一九四九年十月一日の中華人民共和国の成立をはさんで、その前年に朝鮮半島で大韓民国、朝鮮民主主義人民共和国の二つの分裂国家が、翌年、ヨーロッパでドイツ連邦共和国とドイツ民主共和国という二つの分裂国家の誕生がつげられている。朝鮮戦争の勃発はそれから八カ月後のことである。

大陸との交通は途絶しただけではなく、この冷戦構造のなかで、日本はサンフランシスコ講和体制の選択をよぎなくされていく。誰の目にも、中国の主権が北京に確立した人民民主主義政権に存することは明らかであったにもかかわらず、台湾の国民政府との条約によって対中国侵略の責《せめ》はおわったという虚構をえらんだことは、その後の日本の政治・外交を歪める十字架となっていったように、わたしの目には映る。むろん、まだ数万の邦人が大陸に残留していることを、当時の為政者が知らぬはずがなかったとすれば、この選択は二重の責をおかすものだったといってよい。

一九五二年四月二十八日、日米安保条約をふくむ対日平和条約が発効したその日、台湾・国民政府とのあいだに日華平和条約が調印されているのだが、三日後の五月一日が血のメーデーになったこととともに、それは歴史年表にゴチックで記されている。

東西対立の冷戦構造が膠着していくなかで、その間隙をぬって、細い糸を通そうという努力もつづけられはした。サンフランシスコ条約の発効から一カ月後、一本の外電が当時の吉田内閣の神経をさかなでにするような衝撃をもってとびこんできた。高良とみ、宮腰喜助、帆足計という超党派の三人の国会議員が、国交のないモスクワをへて、さらに北京に入り、南漢宸・中国人民銀行総裁とのあいだで日中貿易協定が結ばれたというニュースだ。〝鉄のカーテン〟〝竹のカーテン〟という、今では死語になったことばが張りめぐらされていた緊張の谷間での、それは〝快挙〟だった。その一方で、つぎのような事実のあったことも忘れるわけにはいかない。

戦後、捕虜や抑留者の送還、行方不明者の調査など戦後処理の業務は日赤が当たってきたのだが、中国に関しては、内戦の勃発とともに接触のルートを失ってしまった。中華人民共和国の成立後、日中友好協会が留守家族と中国との間に立って、細々とながらも両者連絡をとり合う世話をしているような状況であった。ところが、新中国成立の翌年、日赤と中国の紅十字会が接触を持つ機会に恵まれたのである。一九五〇年夏、赤十字社連盟の役員会がモンテカルロで開かれた際、日赤は戦後初めて正式代表を送ることが認められ、社長の島津忠承が参加した。赤十字国際委員会は、当時すでに中華人民共和国の赤十字社――紅十字会――を中国を代表する団体として承認しており、この会議に紅十字会会長の李徳全が出席していたのである。会議のパーティの席上、島津はたまたま李徳全と向かい合ってテーブルにつくチャンスがあった。島津はその機を逃さず李徳全に、日赤の看護婦がまだ三百余人中国から帰国していないことを伝え、看護婦も含め在華日本人の実情を知らせてもらえないか、と頼んだ。李徳全は「その問題(日赤の未帰還看護婦)ははじめて聞きました。あなたの要望は、帰ってからよく調べてみましょう」と、きわめて好意的な態度で協力を約したという。

(古川万太郎『日中戦後関係史』)

高良とみ(左上)，李徳全(右上)，
南漢宸(下)　(共同通信社提供)

赤十字国際委員会が、冷戦のさなか、成立したばかりの紅十字会を正式代表として承認していたというのは、注目しなければならない。ここにも、接触の糸がたぐられたのであった。革命後の中国に初めて足をふみいれた国会議員高良とみが参議院の海外同胞引揚特別委員会の委員であったことも偶然ではなかった。

これら二つの細い糸がからまりあいながら一九五二年十二月一日、要旨つぎのような放送が北京から電波にのってきこえてきた。

一、中国には約三万人の日本居留民がおり、政府の保護を受け、生活は安定している。

二、居留民の他に少数の戦犯がいる。これらの戦犯のうち、ある者は侵略戦争で人民に対し罪悪行為を犯したものであり、ある者は日本降伏後、蔣介石、閻錫山の匪賊軍に参加して人民に敵対したものであり、いま裁判を待っている。

三、国に帰りたいと望んでいる日本居留民には、帰国を援助したいと考えており、日本側が船の問題を解決できるなら、政府はその帰国を援助するよう努力する。

四、(船の寄港手続きなど具体的な問題については)日本側の適当な機関、または人民団体が代表を派遣し、中国赤十字社と話し合って解決すればよい。(前掲『日中戦後関係史』)

この呼びかけに応じて、途絶していた邦人引揚げは再開され、一九五三年三月二十三日興安丸は敗戦後八年ぶりの帰国者を乗せて、舞鶴港に入った。海路の日和は波静かだったかといえば、そうではない。波を荒だてたのは、もっぱら日本政府側にあったといえる。

北京放送の内容にとくと耳傾ければ、船の寄港手続きなど具体的な問題については、「日本側の適当な機関、または人民団体が代表を派遣し」とあって、「日本政府」の文字は見えない。台湾の国民政府と平和条約を交したばかりの日本政府が無視されたのは当然なことだろう。ことは人道問題であるからして、「適当な機関」として日本赤十字がこれに当るほか、人民団体として、日中友好協会、平和連絡委員会の二団体が加わって、七人の代表をえらんだ。そのなかに、島津忠承と高良とみの名があったのも、事柄の経緯からいって当然なことであったが、外務省は六人の代表の旅券は交付したものの、高良とみの旅券交付を拒否し、外相岡崎勝男は記者会見でつぎのように述べた。

「われわれは高良女史に対して旅券を出したくない。女史は旅券法を一度犯しているからだ。女史に旅券が与えられないで他の六代表だけが北京へ行った場合、中共政府は高良女史が代表団にいないことの理由で、この代表団と引き揚げの交渉を行うことを拒むことはあるまいと思う。というのは、中国赤十字社は日本の三団体に対して招請を行い、その人選は日本側に任せている。そして高良女史はそのいずれにも所属していないのだから……」

追いかけるようにその日の夕刻、奥村外務事務次官が、本人に確めることなく、伝聞のまま、

「高良女史は自発的に代表を辞退した」

と記者発表するにおよんで、高良とみは激怒し、

「私は辞退した覚えはない」

と、くわしい経緯をのべて、外務省をきびしく批判した。言を左右にしながらも、高良とみの旅券は代表団出発予定日の一月二十六日ぎりぎりになって交付され、外相岡崎勝男は記者会見で、こう述べている。

「世論その他いろいろな事情を考慮して、引き揚げの万全を期するため、きょう高良さんに旅券を発給することにした。この問題についての政府の立場は、いままで通り極めてはっきりしており、世間もこれを理解していることと思う。また代表団の

方々も、すでに高良さんの旅券問題は別として、六人だけでも出発するとの意志を表明された。中共からの電報は、高良さんが来なければ引き揚げに応じられないというのではなく、七人の代表の一人ということを確認しているだけで、事情はいままでと少しも変わっていない。

しかし他方留守家族のことを思うと、引き揚げに支障を来す心配が少しでもあってはならない。高良さんは行かなくても大丈夫と思うが、万全の措置を講ずるため、故障のたねを除くことが必要と認めたので、旅券を出すことに決定した」(以上前掲『日中戦後関係史』)

事実関係としてここでも岡崎談話に注をほどこしておかねばならぬのは、六人の代表は最後まで高良とみの旅券給付を強く外務省に要求していたということだ、前年の訪中経験を持つ高良とみが行くか行けぬかは、交渉の成否に深くかかわっていたからだ。そのことを承知で外務省はぎりぎりまで、旅券の発給を渋った。無断で鉄のカーテン、竹のカーテンをかいくぐって北京に足をふみいれた高良とみへのしっぺ返しを通じて、その威丈高な口調の背後に、中国側の出方をうかがっている臆病な目が光っていたように思えてならない。それを、『日中戦後関係史』の著者は「法匪」ということばで形容している。

小波はまだいろいろと、日本政府によってかきたてられはしたけれども、日赤等三団体から中国紅十字をへて、鶴崗にじっと帰国を待つ篠田欽次青年にも、引揚げの朗報がもたらされた。すでに現地で、祖母、母、弟の死を知らされてはいたけれども、父親の幸一さんはあるいは一足早く祖国に戻っているかもしれぬという一縷の望みを抱いての帰国だったが、それも断たれた。幸一さんはシベリアで生命永らえることができなかったという悲報だけが待っていたからだ。篠田欽次さんの「流亡三部曲」はここで終っている。

三

一九五三年春、二本の細い糸にたぐられて再開されたこの引揚げは、それから五年間、二十一次にわたって断続的につづけられ、約三万五千人の邦人が祖国帰還をはたしている。中国側発表の当初の数字は三万、いったい、敗戦後の旧満州にどれほどの日本人が残置されたか、正確な数はわからない。

一九八四年『長野県満州開拓史』三巻が編纂され、その第三巻『名簿篇』に長野県出身者三万三七〇〇余人の開拓団員と家族の氏名が収録されたことは、さきに触れた。一部空欄があったりもするけれども、三十九年をへてよくぞこれだけのものができ上ったと、そのページを繰りながら、わたしは感嘆せずにはいられなかったと同時に、なぜもっと早く、このような名簿が作れなかったかという思いものこった。このような名簿が、県別に作成され、全国的な規模でまとめあげられていたならば、「残留孤児・残留婦人」問題は、もっと違った様相で解決に向かったのではなかったろうかと思われるからである。

少くとも、全国的なレベルでそれが行える機会は三度はあったのではないだろうか。

そのひとつは、敗戦の翌年から三年にわたって旧満州からの引き揚げが行われた時期に、しっかりとした聞きとり調査が帰国業務の一環として実施されていたならば、厚生省にはおのずと実態がファイルされただろう。拓務省なり大東亜省なり、照応する基礎資料もその段階ならば、散逸してはいなかったはずだ。だが、残念ながら、敗戦直後の混乱と貧困の中で、博多なり舞鶴なり、迎える側にそれだけの体制はくまれなかったようだ。

第二の機会は、一九五三年に再開され五八年までつづいた第二期引揚げのときだ。すでに敗戦直後の混乱と貧困からはある程度脱却していた時期であり、引揚げの窓口は舞鶴港にしぼられ、しかも六年間で約三万五千人という対象人数からしても、その段階で念の入った調査は可能だったのではないだろうか。だが、第二の機会も生かされなかった。というよりもそれを生かそうとする意思が国のレベルで働かなかったといった方がよい。

第三の機会は、敗戦から二十年たって、満州開拓史刊行会から『満州開拓史』が発刊されたときで、その資料蒐集と平行して、約二七万といわれる開拓団とその家族の名簿を全国規模でつくりあげることは可能だったのではないだろうか。この時期、各地に慰霊碑が建てられたことは顕著な事実だが、慰霊碑よりも先に行われるべき生存者の確認作業が怠られたように思われてならない。

開拓団送出は、関東軍が先行的に計画したものとはいえ、少くとも一九三六年夏の帝国議会において修正もされずに正式に決定され、国策として推し進められた事業であった以上、それは陸海軍将兵同様、精細な調査が〝終戦処理事項〟のひとつとしても、行われなければならなかったといってよいだろう。

だが、その計画・推進の杜撰《ずさん》さと照応する形で、戦後処理もまたなおざりなまま放置された傾きがなかったか。

『長野県満州開拓史』の凡例に付された名簿作成の経過に、「昭和五十二年、調査責任者未定の開拓団等については、長野県が、国・県の保管資料を基礎として在籍者名簿を作成した」と記されており、「国・県の保管資料」を基礎として在籍者名簿ができるほどに、資料がそろっていたことを示す。在籍者名簿はつくろうと思えば、いつでもそれはできたことを逆に示してもいる。

じっさい、戦後、全国的な規模で開拓団関係の犠牲者に関する調査が行われている形跡はある。敗戦後、長野県の場合、県に「世話課」が設けられて復員業務を主として扱ったが、戦時下長野におかれた陸軍部隊司令部の要員が残務処理の形で「世話課」に引きつがれたという。開拓団関係の「終戦時」の名簿と、ソ連参戦後の各開拓団の行動状況の調査は同課が担当した。しかし、これは残留者の存在を浮きぼりにして引揚げを促進するというよりも、その後の引揚げ援護法や恩給法などの一部改正のために、これが役立てられていったおもむきは強い。

それゆえにだろうか、「生死の事由」では死亡と戦死は弁別されており、死亡の場合、その「事由」が自決、殺害、栄養失調、発疹チフスなどと非常にくわしくわかるようにもなっており、「現地最後の場所」や「最終消息」の年月日と照応しながらみていくと、結果的にひとりひとりの開拓団員そしてその家族の無残な足跡が浮きあがってきて、読むものの胸に迫ってくるものがある。データのもつ衝撃力である。

とはいえ、その時点で、「不明」または「残留」と記入された人びとに対する調査はほとんど手をつけられなかったことからみて、この基礎資料が行方不明者・残留者を明らかにすることを主眼とした調査ではなかったことは明白だ。一九六〇年代の前半になって、この基礎資料のなかに、突然「死亡宣告」というゴム印と宣告の年月日がおされることになる。戸籍から抹消された「残留孤児」が多いのは、このゴム印のためにちがいない。その背後には、いわゆる「長崎国旗事件」によって、引揚げ業務が途絶したことが横たわっているとすれば、このゴム印はあまりにもむごすぎはしなかったか。

いま、一九五八年五月二日の新聞をくってみると、一面トップには、衆院選挙のスタートが大きく掲げられ、それらの記事にかこまれるようにして、中段に、「中共旗引きおろす／長崎の切手展／興奮した青年」という見出しで、いわゆる「長崎国旗事件」が報じられている。

〔長崎発〕二日午後四時二十分ごろ、東浜町浜屋デパート四階催場で去る四月三十日から開催中の日中友好協会主催の中国切手、切り紙、ニシキ絵展示会場で見物していた二人連れの客のうち三十歳くらいの男が店員のスキを見ていきなり展示場左側にぶら下げてあった中共旗をひきずりおろした。驚いた係員が直ぐ長崎署に通知、署員がその男を連行して取調べた。

男は取調べに対して「中共の旗に腹が立ったので夢中になってひきずりおろした」と自供し、長崎署は「旗が破れていないので、器物毀棄に触れるかどうか難しい」とし、事情

聴取のみで釈放したと伝えられている。同じ日、台北発のＡＰ電は、

国民政府外交部スポークスマンが二日語ったところによれば、国府は長崎のデパートで開催中の中共切手、紙工芸品展に中共旗がかかげられたことに抗議するため、沈駐日大使と長崎領事に抗議文を訓電したといわれる。

と報じていることも注目される。二つの記事に関連性があったのか、なかったのか、いずれにせよ、まだ国交もなく「戦争状態の継続に終止符のうたれていない」国の国旗に対する侮辱というむつかしい問題を考慮することなく、「犯人」を事情聴取だけでかんたんに釈放した当局の態度に、中華人民共和国から強い抗議が送られてきたのは当然だった。

ここでまた日本政府の「法匪」ぶりが発揮されることになるのだが、火に油をそそぐことになるのは、陳毅中華人民共和国外相の抗議談話に対する岸首相の選挙遊説でのつぎのような一節であった。

われわれは台湾の国民政府との友好関係を無視して、直ちに中共を承認することは出来ない。国旗問題では、中共政府はもっと冷静に考えるべきだ。相互に友好関係の

ある国の国旗を尊重することは、国際法上当然だが、政治的、外交的関係のない国の国旗を外交関係を結んでいる国と同等に扱うことは、国際法の原理に反している。国旗損壊罪は、独立国として互いに承認しあっている国についてのみ適用されるもので、この点につき中共政府がとやかくいうのは、日本の政局になんらかの影響を与えようとの意図によるものと、考えざるを得ない。

かつて十五年にわたって侵略し、かつ敗北したことの決着がつけられておらず、依然戦争状態の継続に終止符がうたれていないということの考慮が全くそこには払われていなかったといってよい。この日の香港電は、香港の観測筋の見方を「閉ざされた妥協の道」の見出しで、こう伝えている。

「日米関係に対する中共の分析と認識は日本国民以上に精密かもしれない」とすら香港ではみられている。〝中共の硬化〟が今さらのように伝えられるが、これは「中共が日本を知る」ほどに「日本が中共を知らなかったことだ」とこれら観測筋はいう。そして中共が硬化したとすれば、それはにわかに始ったことではなく「岸政権」出現以来のことで、とくに岸首相の台湾訪問がこの傾向を強めたといっている。（以上引用は『朝日新聞』)

長崎国旗事件をひとつのターニングポイントとして、漁業協定はゆらぎ、新規商談は打ちきられ、武漢での日商展四億円のキャンセルが出、鉄鋼協定もデッドロックに乗りあげるというように、積みあげられてきた日中経済関係は一挙に崩れさっていくことになる。人道上の問題として、国交正常化を度外視してつづけられてきていた残留者の引揚げも、むろん、中絶以外にたどる道はなかった。

開拓団名簿の不明欄に「死亡宣告」のゴム印がおされたのは、その果てのことだ。

冷えきった日中関係は、政治よりも経済をと、軌道修正させた池田政権下で、松村謙三を中心とするさまざまな人びとの努力で治癒のきざしはみせたものの、佐藤政権ではふたたび後退を示して、七年におよぶ無為な時間を送ることになり、サンフランシスコの十字架は、日中関係の正常化に、じつに戦後二七年の歳月をかけさせることになる。しかも、大団円は、ご主人格のニクソン訪中というショックによって、初めて実現するというオチもつくのである。その長い道程に、野党社会党の浅沼委員長の死、公明党竹入委員長の重傷というテロをまで生まなければならなかったことを、あらためてふり返ってみる必要がある。

一九八五年九月、遠く黒竜江省の奥地から、肉親探しの順番がめぐって来日できた「残留孤児」にとっては、あまりに長い四十年という時間であり、肉親の判明率はわずか二三パーセントという前回第七次よりもさらに大幅に落ちこむ結果となった。（一九八五年の第九次の判明率もほぼ同じ。）政府は、一九八六年度をもって、この問題をすべてなしおえると言明しているけれども、「孤児来日」のたびに代々木の調査会場につめかけてくる熱心なボランティアの人たちのあいだでは、調査それ自身、いまのテンポでは数年はかかるだろうと観られており、十五年戦争の傷痕はいつ果てるともしれない様相を呈してもいる。代々木の記者会見で団長の顧玉林さんが「この仕事は、海の中から一本の針を拾い出すようなものだ」といったことばがあらためて痛切にひびいてくる。

彼ら彼女らの歓迎のパーティで「この人たちを四十年間ほったらかしてきたこの日本という国がますます嫌になりますな。嫌になればなるほど、この運動に深入りしていくことにもなりますな」という青少年義勇軍出身の千野誠治さんのことばに、わたしが深く肯かずにはいられなかったゆえんだ。千野さん同様、ボランティアの人たちの多くが事態を憂えている。

四

「残留孤児」歓迎のパーティにわたしを同道してくれたのは、ボランティアのひとり猪股勝さんだが、彼自身、このパーティに「残留孤児」として歓迎される立場になっていても不思議ではないような紙一重のきびしい過去を持っている人のひとりでもある。

深田信四郎著『幻の満州柏崎村』の巻末には、新潟県柏崎から送り出されていったこの開拓団の「終戦時」の名簿が掲げられているが、そのなかに、猪股家の家族もふくまれている。

△猪股

	平作	42歳	父
●	ミツ	36歳	母
●	マリ子	16歳	長女
○	充	14歳	長男
●	昇	12歳	次男
○	勝	10歳	三男
▲	ユミ	8歳	次女
●	悟	6歳	四男

● ふみ　4歳　三女
● 護　2歳　五男

○印は生存して帰国したもの、●印は現地で死亡したもの、△は応召して生還したもの、▲は行方不明者と、付されている注によって、猪股家の安否を追ってみると、父親の平作さんは四十二歳で召集され、シベリアに抑留後帰国したことがわかる。母親ミツさんは十代の終りに平作さんに嫁ぎ、二十歳で長女マリ子さんをもうけて以来、ほぼ一年おきに出産をし、ソ連参戦のときには、根こそぎ動員で夫が応召していったあと、女手ひとつで十六歳をかしらに二歳まで八人の子どもをかかえて、逃避行に入らねばならなかったことがわかる。『幻の満州柏崎村』に、そのミツさんの修羅の姿がつぎのように描かれている。

冬が来るというのに、猪股さんは、自分の着ている肌着を売って、卵と交換しようと決心した。

「交換、交換」

と、やって来る中国人を彼女は、呼びとめた。

「ほら、このシャツは純綿《じゅんめん》だよ。卵二十個と交換。いいだろう」

と、シャツを脱いで見せる。

「だめだよ。そんな古いシャツ。卵十個となら、交換してやるよ」

「そんなら、外の人と交換するからいいよ」

「じゃ、卵十三個と交換、それ以上はだめ」

強引に十三個の卵をおくと、今脱いだシャツをひったくって、楊《やなぎ》のカゴにポイと入れる。シャツを脱いで交換した卵も、子供の体力は、もう受けつけてはくれない。

「だめかッ」

と、猪股さんは、天を仰いで「おとうさんッ」と応召していった夫に、思わず救いを求める。十月一日に護君(2)、七日に悟君(6)、八日にふみさん(4)と、猪股さんの手から、つぎつぎと、三人の子供たちは死んで行った。

「もう少し早く、卵を食わしたら、元気になっただろうに」

と、猪股ミツさんは、後悔の涙を流していた。

三十六歳の彼女は、いつまでも悲しみの涙を流していられなかった。彼女の肩にはまだマリ子、充、昇、勝、ユミの三男二女、五人の命がかかっているのだ。

死にし子の着衣はぎとり粟と換う
三途《さんず》の川の鬼女かも、われは

こう描いたあと、『幻の満州柏崎村』には十月に死んでいった十五人の子どもと一人の老婆の名が書きつらねられている。十一月から十二月にかけて、さらに八名の幼児が飢えに衰弱して命を落した。茫然とした母親たちに、「子どもを売らないか」と中国人が誘いをかける。一人三十円というのが、子どもの相場だったという。十二月の末には猪股ミツさん自身、病魔におかされる。自分がもし死んだら、残された五人の子どもたちはどうなるか。母親の心は夜叉と菩薩の間を揺れ動いたにちがいないが、それでも、春先まで、母は夜叉にならずに耐えた。

だが、通河《トウンホー》の街からハルピンまで、氷の解けはじめた道のりは約三百キロ。一日の行程は少くとも三十キロ。飢えと寒さ、むきだしのエゴイズム、仲間同士の確執、落伍しそうな家族への仲間の冷たい目。猪股ミツさんは、夜叉になって、次女ユミさん(8)とソ連機の機銃掃射に左足を傷つけていた三男勝少年(10)を通河街の中国人に渡して、ハルピンへと発っていった。母はわが子を棄てたのであろうか。

裁きは神に託す以外にないその極限にあって、ハルピンの花園収容所にたどりついて力尽きたように、五月二日の薄明、帰らざる旅に発っていった猪股ミツさんに思いをはせ、長女マリ子さん、次男昇少年が相ついで母のあとを追い、わずかに長男充少年ひとりその年の十月十八日に柏崎に帰りついた経過に照らせば、猪股ミツさんは母の本能から、次女ユミさんと三男勝少年の生命を現地の養父母に託したのだと見ずにはいられない。

幼なければ幼ないほど、異言語の修得は早い。いま、中国からの帰国者二世が幼稚園、小学校低学年ほど早く日本語になじみ、小学校高学年、中学生ほど修得がおくれるのと同じように、八歳の猪股ユミさんは十歳の猪股勝少年よりも早く、中国人社会にとけこんでいったろうことは想像できる。勝少年が貧しい精肉商にあずけられたのに対し、小学校の先生の家に引きとられたユミさんの方が、より恵まれてもいた。

八年の歳月がすぎ、一九五三年に再開された引揚げの報がとどいたとき、兄の勝さんは、妹の養家先をたずね、いっしょに父母の国に帰ろうと誘った。妹は、表情も硬く、

「母さんはわたしたち二人を棄てたのよ。わたしはもう中国人です。日本に帰るつもりはないわ」

と、兄の誘いを拒んだ。兄にくらべ二歳下の妹は、中国社会への同化も早かったが、幼くして肉親から置き去られた傷もまた少女の心に深くきざまれていた。

十八歳になっていた猪股勝青年は、一九五三年七月、ひとり帰国の途についたが、すでに日本語をなにひとつ話せない若者として育っていた。

あらためて、幻の「満州柏崎村」の成りたちをふり返ってみると、太平洋戦争のまっただなかに、さみだれ式に送りだされた〝虫喰い〟開拓団の典型のひとつのように思われて

くる。三江省の省都佳木斯《ジャムス》から松花江をさかのぼること百五十キロ、清河鎮《チンホーチエン》からさらに北へ三十キロという奥地に、二百戸の柏崎分村が計画され、市会で期成同盟の設立が決議されたのは一九四二年初頭だった。先遣隊三十名は歓呼で送られはしたが、その後応募者難に苦しみ、戦時下転廃業者を送ってもなお目標の四割にしか達しなかった。父平作さんはかつて徳川夢声と活弁の仲間だったという。経営していた映画館が成りたたなくなったあげくの、猪股家の渡満は、敗戦の年四月のこと、勝少年は小学四年を卒えたにすぎない。

「わたしは教育がありませんから」

というのが、いまでも猪股勝さんの口癖だが、じっさい、彼の学歴といえば、小学四年渡満をもって終ったのが現実なのだ。養父は精肉業を営んでいたとはいえ貧しく、引きとられた勝少年は畑仕事と羊番にあけくれた現実でもあった。日本語を全く忘れ去った十八歳の青年が帰国したとき、受け入れてくれる小学校も中学校もあったわけはない。

「漢字は共通だからどうやらわかりましたけれど、いちばん悩まされたのは、日本人の姓をどう読むのか。困りましたね」

そのことばには実感がこもっている。それは、新聞販売店に住みこんで毎朝、新聞を配達したときの体験にもとづくものにちがいないが、猪股さんは、中国残留八年についても、帰国後の労苦についても多くを語らない。少年期には懸命に中国語になじむ努力を強いられ、青年期には逆に、せっかく覚えた中国語を忘れて日本語を学びなおすことに捧げた猪股さんにとっては、少年期も青年期も語るべきことばを見出せぬのかもしれない。

「日本語を不自由なく話せるようになるのには、五年必要でした」

十八歳でからくも帰りえた猪股さんの体験に照らして、四十年の空白をもつ「残留孤児」のまえに立ちはだかる日本語のカベがいかに厚いか、彼にはそれが痛いほどよくわかるのだろう。その自らの体験が、彼をストレートにボランティア活動に導いていったのであろうか。

いくつかの職を遍歴したのには、ことばの障害もあったろうが、逃避行のさなか、機銃掃射で受けた左足の傷痕が痛むことも手伝った。左足の傷は運転にはさしつかえない。東京の街を巧みに乗りこなすタクシー運転手として、平穏な家庭生活をも築いてきたかげには、いくたの労苦と夫人の協力があったからにちがいないが、そのことについても、彼は多くを語らない。

五

いまから五年前、第一回「中国残留日本人孤児」の肉親探しのための訪日が行われた日、彼は引きよせられるようにして、調査会場にあてられた代々木オリンピック記念青少年総合センターの前に車を走らせ、そこで客待ちをした。二十八年前、帰国を拒否した妹を現地においたまま引き揚げてきてしまった兄の良心のうずきのようなものが、自然に車を調査会場の方に向けさせたものか。

それから数カ月後のある朝、ひとつの新聞記事が電撃のように、猪股勝さんの目を射ることになる。〈育ての子捜す中国の母、「王福存、私を忘れたの」〉という見出しがそこに躍っており、一枚の顔写真が載っている。くいいるように、彼は記事を追った。

「王福存や、日本のどこにいるの。育てた母を忘れてしまったのか」……日中孤児問題連合会の第一回「子捜し訪中団」に同行した記者を、八日、中国人女性謝淑琴さん(61)が、黒竜江首都ハルピン市のホテルにひょっこり訪ねてきて、日本に帰国したまま二十八年間も連絡の絶えている育ての子に「ひと目会いたい」と涙ながらに訴えた。

写真を示しながら彼女は、「この子をもらったときは八つぐらいだった。当時、私は同省の通河県にいた」と語ったといい、記事はさらにつづく。

敗戦の混乱のなか、着のみ着のままで避難する日本人の群の中に、男の子と小さい女の子を連れた病気の母親がいた。見るに見かねて謝さんは数日間家に泊め、ご飯を食べさせた。母親は男の子を謝さん一家に、女の子を別の中国人に預けて、ハルピン方面へ向かってたった。その後の生死は不明だ。

男の子は避難の途中、ソ連軍の飛行機に機銃掃射されてできた左足の貫通の跡がうみ、謝さんは山へ行って薬草を取って寝ずに看病した。名は王福存と名付けた。

「王福存」と八年間呼ばれた二十八年前の記憶が、猪股さんには、茶色く変色した印画紙のように浮かんでくる。縦二センチ、横三センチの顔写真も、少年王福存そのものにちがいない。その王少年は、

実母が書き残した住所を頼りに一人で帰国した。そして、帰国の翌年、無事、実の父親と会えたことを伝える日本の新聞を同封した手紙が来た。その後は全く連絡がない。謝さんはハルピンへ引っ越したこともあって、死んだものとあきらめてきた。

(『朝日新聞』一九八一年八月九日)

翌日の同紙は社会面のトップに〈「王少年」私です〉と猪股勝さんが名のり出て、「中国に出かけてお礼をいいたい」と語ったことが大きく報じられている。猪股さん自身のことばとして、こんなことも語られている。

帰国してからは、学歴もなく日本語もほとんど忘れていたので、職を転々とする苦しい生活が長く続きました。それで王さん夫婦とも連絡をとらないままきてしまったが、昨年、やっと中国大使館に消息をたずねたが、「手がかりがなさすぎる」と、さたやみになっていたところでした。(『朝日新聞』一九八一年八月十日)

千里をへだててなお、期せずしてたがいにその所在を探しあっていたことが示されている。二九年ぶりの謝恩の旅が実現するまでには、それから一年の時を要した。

敗戦のとき、猪股少年は日本語しか話せなかった。やがてその日本語をすっかり忘れて中国語しか使えぬ「残留少年」王福存となり、一九五三年、こんどは日本語をすっかり忘れた王福存青年は祖国の変貌にとまどいながらも、懸命になって中国語を忘れて日本語を学び猪股勝にもどった。そのときから二九年がたって、中国語を忘れた中年の王福存は、養母と堅く抱きあうことになる。その振幅のなかで、アイデンティティをどこにもとめたらよいというのか。猪股勝さんが、持てる私的な時間を、あげて「残留孤児問題」にささげはじめたのは、彼自身のアイデンティティを求めての旅だちであったのではないかと、わたしの目には映る。

じっさい、猪股勝さんの謝恩の旅はごく限られた時間で、養母とすごしたのはわずか二日にすぎなかったけれども、二九年前に別れたきりの妹ユミさんの所在をつきとめることのほか、各地で「残留婦人」「残留孤児」の所在をたしかめることも含まれていた。敗戦時、わずか四八戸にすぎぬ小村「満州柏崎村」だけでも、残留者十二名、行方不明者四名を数えるのだから……。

さいわいなことに、かつての王福存の養母謝淑琴さんには、実子の孟令貴さんもいれば、王宝庫さんもいて、立派に家庭をつくり、謝淑琴さんの老後は安泰であることがわかって、猪股さんを安堵させた。その養母謝淑琴さんが、あわただしい二日間の訪問のおわりに小さな紙包を手渡した。そこには、生前、養父の愛用していた印鑑が入っていたという。

謝淑琴さんは、妹ユミさんの養父の名をおぼえていてくれた。三江省の省都通河街で学校の先生をしていた在雲という人物、この有力な手がかりによって、公安局の調査で、兄と離別して三年後の一九五六年、中国婦人になりきった猪股ユミさんは肺結核で世を去っていたということが、その後判明した。

妹ユミさんの代りに、ハルピンでも長春でも瀋陽でも、多くの残留婦人、残留孤児が猪股さんを待っていた。謝恩の旅は、たんなる感傷旅行で終るはずはなく、彼を、「孤児」の肉親探し・帰国援助のボランティア活動にかりたてていくことになる。

わたしはこの春、猪股さんの車で、埼玉県岩槻市の諏訪山下団地に帰国者家族を訪ねた。二十棟ほどの高層住宅のならび立つこの団地に、三十家族をこえる百名余の中国帰国者が集まっていることが、まずひとつの驚きであり、帰国者のあいだには「紅梅の会」という自主的な組織がつくられているというのにも驚かされた。

高橋秀哉(中国名・王長清)さんのお宅ではおいしい餃子《ぎょうざ》をたくさんつくってわたしたちを待っていてくれたが、三DKの高橋家には紅梅の会の人たちも集まっていて、わたしは一瞬そこが埼玉県岩槻市ではなく、瀋陽かハルピンにでもいるような錯覚にとらえられた。

ひとりひとりがいろいろな悩みをもつなかで、高橋秀哉さんは、帰国して王長清から高橋秀哉になるまでに三年の歳月を要し、その間の心労で、四十歳の高橋さんの頭髪は七十歳といっても不思議でないほどに薄くなってしまっていた。

中国名王長清、日本名高橋秀哉についての「人権救済の申立書」にはこう書かれている。

一、被救済者は昭和二〇年八月、中国黒竜江省寧安県寧安街東安区において終戦を迎え、同所の王祥、孫文芝夫妻の養子になった、いわゆる中国残留日本人孤児である。
二、右養子となった経緯を養父母の記憶によると、当時現地邦人を守護すべき日本軍は撤退し、終戦を迎え、残置された日本人婦女子の収容所が同県同区にも開設されたが、食料事情等一切の保護に充分でなく、被救済者はその母、兄弟、姉妹等と収容されていたが、栄養不良等で生命の危険下にあり、その母が子らを連れて養父母方に来て、このうち一人を養子として引き取って育ててほしい旨希望した。
　養父母は約三歳位にみえる子を引き取ろうとしたが、その子がいやがって母にすがりついて離れないので、姉に抱かれていた一歳ぐらいの被救済者を引き取り養子にすることにし、他の母子には食料を与えて帰した、また当時の当地の風習として養子をもらうときは金品を贈ることになっており、また帰国にあたり何かと心細かろうとも考え、後日金銭も集められるかぎり集めてきて贈った、というのである。

　そのあとの記述を要約すると、日中国交回復と同時に王長清さんは親探しを始め、母を探しあて、一九八一年、「厚生省の確認をうけて本人、妻、長男、三女の四名で一時帰国した」ところ、たぶん、その家族の多さも手伝って、「一度親子の確認をした」はずの母が「人違いである旨申立てた」ため、戸籍取得が不可能になってしまったというのである。外人登録法違反であわや強制立退き寸前にあって途方にくれていた王長清こと高橋秀哉さんのために、一九八四年三月、「人権救済の申立人」を買ってでたのは、猪股勝さんだった。猪股さんにとって、それは他人ごとではなく、王長清と、四十年前の王福存がその脳裡にひとつにみえて映ったからにちがいない。

申立を受けた東京弁護士会は、すぐに対応し、母親を説得し、血液鑑定をへたうえで、法務省越谷支局で母子関係が確認され、高橋秀哉さんの戸籍が確定するまでには、およそ八カ月の時間を必要とした。

高橋さんのケースは決して例外ではない、中国帰国者の実状に照らして、一九八四年十月、日本弁護士連合会はつぎのような決議をした。

中国残留邦人の帰還に関する決議

何人も自国に帰る権利を有する。

第二次世界大戦終結時、中国大陸にとり残された日本人孤児及び婦人など残留邦人に対して、わが国は積極的な保護を加えることなく今日に至った。

わが国の残留邦人に対する長期にわたる消極的対応は、その国籍の取得並びに自国に帰る権利の行使を事実上不可能にしている。このことは残留邦人とその家族に甚大な苦痛と損害を与えており、明らかな人権侵害であるといわなければならない。

すでに戦後四〇年の歳月を経過し、父母並びに養父母が年々老いるなどして、残留邦人の日本への帰還を早急に実現する必要がある。

よって、われわれは国会及び政府に対し、
一、残留邦人の日本国籍取得手続を速やかに整備し、早期帰還を実現すること。
二、帰還者とその家族に対しては、自立を促進する特別の生活保障をするなどの特別立法を含む諸措置を速やかに講ずること。
を要望する。

右決議する。

昭和五九年一〇月二〇日

日本弁護士連合会

わたしの目には、この決議は遅きに失したうらみののこるものに映りはするけれども、ともあれ、中国帰国者の問題解決のために、大きな前進となる決議だったというべきだろう。

いま岩槻市の諏訪山下団地には、高橋秀哉さんの全家族と養父母が肩よせあって生活をしている。

第7章　終わりなき旅

団欒する帰国後の家族(菊地信夫氏提供)

埼玉県岩槻市は「人形の町」として知られているが、人口約十万のこの中小都市の県営団地に三十数世帯の中国帰国者家族が期せずして集まってきたのには、理由があるにちがいない。

団地に隣接する東岩槻小学校は、この県営団地とともに、団地の児童を対象に建てられた新設校だが、ここに学ぶ中国帰国者子女の一覧によれば、日中間に平和友好条約の結ばれた一九七八年、たまたま帰国者の一家族がこの団地に割りあてられた。翌七九年には、県内坂戸市と神戸市から、二家族が転入し、以来毎年のように数家族が移り住んでくるようになり、いつしか、三十数家族が集合する結果となったが、岩槻市出身は一世帯もなく、血縁をたよりにきた家族もなく、その出身地は全国各地におよんでおり、明らかに帰国者同士の口コミによって自ずと集まってきたように推測される。

たしかに、岩槻市周辺には比較的働きやすい中小の下請工場があって潜在的雇傭力が存在し、首都圏からは離れているため家賃の安い県営住宅に余剰があったということも条件となってはいるが、それだけでは、この集合現象を説明することにはならない。いったい、中国帰国者の家族たちは、何にひかれてこの団地に水が低きにつくごとく集まってきたのだろうか。秘密のカギは、団地に隣接する東岩槻小学校にかくされていた。

わたしがここを訪れたのは、この春三月の末のことであった。交通渋滞で約束よりもおくれて到着したわたしを、金子文雄校長は、校長室で首を長くして待っていてくれた。陽ざしの悪い校長室は薄暗く、狭かったが、綺麗に整頓されている。きけば金子先生は、この日をもって校長職を退くという、せわしない一日だったというのに、日本語教室に関する三点の書類コピーをそろえ、その文書にもとづいて日本語教室の来歴を要点をおさえて丁寧にコメントしてくださった。

この小学校の「学校経営方針」はつぎのようにうたわれている。

岩槻市教育委員会の努力点を受け、地域や学校の実態に応じて、これを十分検討した上で、全職員の積極的協力的、かつ組織的な取り組みを図り、日常の校務を大切にし、絶えず創意工夫を加え生気あふれる学校・学年・学級経営に努め、真のゆとりと充実した教育活動を展開する。

(1)知徳体の調和のとれた人間性豊かな児童の育成に励む。
(2)教師としての研修をつみ、信頼関係の中にある教育活動に励む。

(3)ＰＴＡ、地域社会との連携をはかり、よき校風の確立と振興に励む。

この「学校経営方針」にもとづき、つぎのように「学校教育目標」が掲げられる。

まごころをもって逞しく生きる子

- 明るい子
  - 思いやりのある子
  - 素直な子
  - めいわくをかけない子
  - 感謝の気持のある子
- 考える子
  - よい判断をする子
  - ほんとうのものを求める子
  - 落ちつきのある子
  - 夢中になってうちこめる子
- 強い子
  - 心身ともに健康な子
  - がまん強い子
  - 最後までやりとげる子
  - 責任感のある子

「経営方針」と「教育目標」は東岩槻小学校の「憲法」と解してよい。この「憲法」がゆらぐような事態がおこったのは、いまから五年前の四月のこと、全く日本語のできない三人の児童が転入してきたときだ。むろん、教師のなかに中国語を解する人はひとりもいない。パントマイムによって、どうして「明るい子」「考える子」「強い子」を育てることができようか。途方にくれたのは、当然のことだった。

行政の窓口では、「中国帰りの人を通訳にしたら……」と無責任なことを言った。「バカを言ってはいけない。教育にはプライバシーというものがある。教育現場ではあくまで教育者の通訳でなければならぬ……」そんな問答をくり返すなか、中国語に通ずるボランティアに頼らざるをえなかったが、はたしてボランティアの通訳は、日本語の通じない父母と、中国語のわからない学校側との板ばさみとなって、しばしば窮地に追いこまれもした。

そのような不十分な条件であったにもかかわらず、翌年も翌々年もさみだれ式に中国帰国者の転入が相ついだのは、「憲法」を高く掲げつづけようとした東岩槻小学校の努力に中国帰国者の真剣なまなざしが注いだからにほかなるまい。あれよあれよというまに、十名をこえる帰国者子女が転入してきても、国・県・市からはビタ一文の援助も行なわれはしなかった。

「たしか、文部省に帰国子女課というセクションができたとききましたけれど……」

と、わたしは思わず尋ねたが、金子先生の答えは、

「いやあ、あそこは、九九パーセント、大企業などの帰国子女の問題を扱うところのよ

うでしてね」

というものであった。ひとつの救いは特殊学級の制度を援用することにあった。知恵おくれの児童が四〜十二名在籍する学校には、養護教員一名が配される。十三名をこえた場合養護教員二名という規則をたてにとれば、中国語のわかる教師二名を採用できる計算がたつ。

それでも、中国語専任教員の特別配置のための「要望書」を当局に提出するさいには、金子先生は「切腹覚悟」で、しかも、行政の困惑を慮れば、これを報道しようとする記者の筆をも抑えねばならなかったと語る。学校現場にうといわたしの耳に「切腹覚悟」の語は大時代にひびかぬでもなかったが、その後、ほかでも似たようなケースをきくにつけ、教育をとりまく行政のカベがいかに厚くめぐらされてしまっているかを考えずにはいられない。

「わたしは今日この学校を去っていくから言うわけではないが、方針は貫き通してきたつもりです。それは〈要望書〉をみていただけばわかってもらえるでしょう」

と金子先生が言いきる通り、そこには一人の中国語専任教員を獲得するために、校長として全力投球した姿が示されている。「要望書」は同時に実態報告書でもあり、そこにはわたしが訪ねた高橋秀哉さんのお宅の三人姉妹のケースも記されている。

中国からの帰国者の多くがそうなのだが、里帰りのための一時帰国には最も幼い児を一人だけ連れて来日し、とりあえず三カ月なり半年なり滞在し、永住帰国に際して全家族が来日する。当然、一時帰国の際、末の子が最も早く日本語に慣れ、両親や兄姉の通訳をつとめることになるのだが、語彙の不足と語意の不明確さから、うまく教えられるはずがない。両親や兄姉の日本語修得は遅々として進まず、逆に末っ子は急速に中国語を忘れていってしまう。一家のなかで複雑な言語構造の落差が生ずるとともに意思の疎通が途絶えるという現象が生まれる。

高橋秀哉さんの家庭では、長い間、実母が認知を拒むという不幸がつづいたことはすでに触れたが、そのことが一家に重苦しい圧迫を与え、日本語修得にまで微妙なカゲを投げかける。中国人である夫人はそれでなくても中国へ残してきた肉親への慕情も手伝って日本語を覚えようとする意欲をそがれる。

多くの帰国者の家庭に共通することだが、帰国者二世にとっては生れ故郷は中国であり、そこには夢にまでみる竹馬の友がいる。自分たちはひたすら両親のいずれかが日本人であったという理由だけで、竹馬の友と別れて日本に連れられてきたにすぎない。むつかしい日本語のカベにぶつかるとき、帰国者二世の心に、ぶつけどころのない不満が生ずるのもやむをえないことだ。

帰国者たちの多くは、飛行機に運びこむ荷物制限もあって、ごくわずかの身の回り品だけをたずさえて成田に降りたつ。時代と交通手段こそちがえ、四十年前の一九四五年五月、歴史家飯塚浩二が佳木斯《ジャムス》駅のプラットフォームで見かけて、その『満蒙紀行』に描いている末期開拓団の入植者たちの風呂敷包みをさげた姿と、どこか時代をこえて通底する風情がある。だが、ちがうところは、たとえ手荷物は少なくとも、帰国者たちの背には、四十年を過ごした国の〝異文化〟という、目に見えぬ大きな荷物が背負われているという事実だ。

食生活をあげてみると、私達教師の中国人生活の理解と、子供たちの住んでいた黒竜江省方面における日常生活は、想像以上に違っていることがわかった。

と金子校長は「要望書」におどろきを率直に披瀝している。てんぷら、ちくわ、はんぺん、ベーコン、かつ、うどん、川魚、魚貝類、さしみなど見たことも食べたこともないというのはさして不思議ではないとしても、ラーメンもインスタントラーメンも知らないとは！先生方はラーメンが北海道で発明された(?)中華料理であること、そしてさらにそれを一瞬にして食べられるようにインスタントラーメンを製品化したのは日本の食品会社であったことに改めて思いをいたさなければならなかった。金子先生は自ら帰国者の家庭を訪問し、彼らの食事が朝も昼も「マントウに野菜のつけもの」だと知り、むりやり作ってもらって食べてみる。普通の校長さんではできない芸当というものだろう。マントウをご馳走になったついでに、黒竜江省の住宅や風呂やトイレなど、生活習慣を根ほり葉ほり聞いても「私に理解できないことばかりである」とつぶやきをもらしつつも、養父母をいたわり、垣根をこえて隣人同士助けあうその「道徳については、すばらしい教育を受けている」ことを、金子校長は発見して「要望書」に大書することも忘れてはいない。そして、こうも書いている。

ある児童が、「中国人のくせに……」と言われた。意味がわからずにいたときはよかったけど、この頃意味がわかってみると、中国人と言われただけで、「中国に帰りたいな」と思うことがある。日本の衣食住がいくらよくとも、中国の生活が苦しくとも、「中国がなつかしく帰りたくなるんだ」と話した。中国人差別のない学校教育に力をいれてきたが、考えさせられた大きな課題であり、学校、ＰＴＡとも今、全力をあげてその指導にあたっている。

とはいえ、問題は山積して深刻だ。これを指導する学校側と、家庭の側にわけて整理してみるとこうなると、「要望書」は訴える。

○指導上の問題点

(1)中国語で話せて日本語の教えられる者が、教師にも家庭にもいないこと。

(2)児童が日本語を覚えるまで、学校における指導の充実がはかれないこと。

(3)教師と児童で、日本語による日常会話がある程度できるというだけでは、教科等において、理解を深めることはむずかしく、さらに日本人の生活習慣等の指導においては困難である。

(4)通訳を依頼することが困難である。(人と予算)

(5)児童が中国黒竜江省方面で生活していたようすを研究することにより、児童理解につとめることはもとより、保護者と話し合いを深めて、児童や保護者の悩み、苦しみを知って、指導に役立てていくための研究の不足。

(6)中国語の研究不足。

○保護者の実態

(1)ほとんどの父母が、教師と話し合いができない。話せても日常のあいさつ程度。

(2)家庭における会話は日本語と中国語であり、児童は中国語を忘れ、親の要望で中国語を使わされるので大変苦慮している。
(3)父または母から日本語を学ぶことは不可能で、友だちから覚えることが実情である。
(4)授業参観日、保護者会等には、言語の障害と日本人の生活習慣の理解不足等の理由で出席しない。
(5)PTAの理解につとめるため、中国帰国子女保護者会を開催して話し合いを深めている。

問題はまこと山積し、かつ深刻であることがこれらの整理事項から如実に伝わってくる。日本語という単一語に支えられた教育界に突如として降って湧いた混乱。唯一の救いは、帰国者家庭に、学校への深い信頼と協力の意思が溢れていることだと、この報告は指摘することも忘れてはいない。「要望書」は東岩槻小学校に降って湧いた混乱と困惑を克明にたどっている。たったひとりの中国語専任教師の派遣を要望するのに、百万言を費やさなければならない行政の硬直が、逆にそこからあぶりだされてきているように思われもする。

二

東岩槻小学校に、中国語専任の非常勤講師が特別に配置され、ようやく日本語教室が開設されたのは、一九八〇年三月のことだ。この日、引揚げ児童の固い顔がほころび、飛びあがらんばかりに喜びを示したと、金子先生は語った。最初の引揚げ児童がこの学校に入ってきてから、ちょうど四年目のことだ。子どもたちの気持が、校長先生には痛いほどよくわかる。

「国会議員の人たちに、通訳なしで訪中してもらうと、きっと引揚げ者たちの気持がよくわかってもらえると思いますよ。四十年も中国におきっぱなしにして、さあ帰ってきてもこの状態なんですから。子どもたちに希望はなく、心は貧困のまま放置されている。ほんとうに帰国者には人権がないのが現状です。三十数家族が同じ団地に住んでいる現状に対して、行政は出張所の一つもつくって中国語の話せる係員を配置すべきではないでしょうか」

金子先生は腹にすえかねるといった面持ちで、こうつぶやきながら、校長室とドアひと

葛西小学校にて(菊地信夫氏提供)

つでつながっている日本語特設学級の教室を見せてくれた。日当りもわるく手狭まな校長室にひきかえ、日本語教室は広びろとして明るく、手づくりの教材や児童の作品などの飾られたこの教室は、東岩槻小学校の特等席にちがいない。この日本語特設学級の占める位置に、東岩槻小学校の教育の姿勢が示されている。わたしは、かれこれ一年あまり、中国帰国者たちの処遇を各地に見てきたなかで、四十年放置されてきた彼ら彼女らの労苦を心からいたわろうとする姿に、ここで初めて接したような思いにとらわれるとともに、期せずして、この学校に隣接する県営団地に、三十数家族の帰国者たちが三々五々集まり住むことになった秘密をつきとめたように思えた。

彼ら彼女らの多くが、いったんは全国各地の父の里、母の里に縁故をもとめて帰っていった人びとである。おそらく、彼ら彼女らが父母の国に三十数年ぶりに帰ってきたとき、テレビや新聞にその姿が報ぜられなかった人はひとりもいないと思われるほど脚光をあびたにちがいない。手荷物の小ささに同情が集まって、親戚縁者も放ってはおかなかったから当座の生活にこと欠くこともなかったろう。一定期間、生活保護を受けるような社会保障にもこと欠かなかったにちがいない。しかし、彼ら彼女らの背に負われた〝異文化〟という見えない荷物に目をくばる人は少なかった。ましてや、彼ら彼女らの住居に押しかけていって、マントウと野菜のつけものを食べさせてもらう校長先生はひとりもいなかったにちがいない。

ことばのカベをそのままにして〝異文化〟に接すると、たとえば、入浴や洗顔の習慣のないことが、あるいは好物がニンニクをたっぷりと使った餃子であることが、帰国二世は〝臭い〟、という概念に短絡して定着してしまう。ことばのカベにたじろいでいる児童には、〝バカ〟という侮蔑語がわけもなくやたらに浴びせられる土壌が、この競争社会には定着してしまっているようでもある。競争社会で何気なく頻発されるバカという侮蔑語は、しかし漢字にあてはめると馬と鹿だ。東洋鬼という侮蔑語には、一定の歴史的背景があってじっと耐えるに値いしたが、なぜ父の国、母の国に帰ってまで馬とよばれ鹿と蔑まれねばならないのか。……背に負う〝異文化〟に目をやることなしに、彼ら彼女らの心に広がっていく砂漠は理解できない。

東京江戸川の葛西小・中学校には、近接して東京都の引揚げ者施設常盤寮があるため、日本語学級が特設されている。葛西中学校『日本語学級十年の歩み』におさめられている「日本語学級生徒アンケート結果」で帰国二世たちの心の遍歴をうかがっておこう。

問1　日本に来て一番楽しかったこと、うれしかったこと

自分の日本語が通じたこと	10
ない	10
日本語学級で生活したこと	6
テレビ	4
家族といる時	3
旅行	2
日本語学級キャンプ	2

学習　2
海をみたこと　1

問2　日本に来て一番つらかったこと

日本語ができない　20
友だちがいないこと　4
いじめられること　3
習慣になじめないこと　2
学習　2
進学　1
家族と別れること　1
家族の悩み　1
ない、無答　6

問3　からかわれたり、ばかにされたりしたことがあるか

よくある　2
ときどきある　15
めったにないがたまにある　13

ない　5

問4　中国に帰りたいと思うか

帰りたい　12

帰りたくない　8

わからない　15

問5　将来、日本に永住したいと思うか

永住したい　7

永住したくない　3

わからない　25

問6　もし家族がまだ中国にいるとしたら彼らが来日するのを

一時的にやってくるのは賛成だが永住には賛成しない　7

永住しにやってくるのに賛成　12

わからない　15

問7　国籍変更を求められた時(外国籍者)

受け入れる　2

拒みたい　7

しかたない　1

わからない　7

（日本籍に既に変更した生徒に）

自分は日本人だと考えている　1

国籍は日本人だが心の中では中国人であることを思い続けていたい　16

〈中略〉

問11　将来のどんなことに悩んでいるか

進学　14

仕事　8

結婚　5

国籍　3

家庭　2

学習　2

問12　日本はどんな国だと思うか

先進国　5

自由主義　3

生活がいい	12
衛生的	1
資本主義	4
人情がない	1
自由でない	2
先生への態度悪い	2
階級の差が大きい	1
自分勝手	1
互助の考えない	1
わからない	8

問13　中国人はひとことでいうとどうか

偉大	8
勤労	5
勇敢	2
いい	2
善良	1

人の道に厚い　2
意思固く純朴　1
自主向上　1
やさしい　1
いろいろな民族がいる　1
団結　1
わからない　3

問14　日本人はひとことでいうとどうか

わからない　8
いい　5
勤労　1
やさしい　1
こわい　1
差別　1
家族のために尽す　1
無関心　1

自分勝手	1
うそつき	1
ずるい	1
友情がない	1
小さい	1
努力	1

江戸川の葛西中学の日本語学級も、東岩槻小学校に劣らず、すぐれた教師集団にめぐまれている。そこで学ぶ帰国二世たちの心が激しく揺れ動いているさまが、アンケートから浮かんでくるが、それは、彼ら彼女らの自画像であると同時に、自画像の向うに、彼ら彼女らの生まれ育った国と、いまおかれている日本あるいはそこに住む日本人の肖像が二重に映しだされているといえないか。

三

東岩槻小学校であれ、葛西中学校であれ、教師集団の努力で日本語学級の特設された学校で日本語が修得できる帰国二世は、困難な問題をかかえているとはいえ、それでも幸せというべきであろう。残留婦人、残留孤児とその家族をふくめれば、ある報道機関の調査では、国交回復後、一万人に近い人びとが来日したことになっている。全国に散っていった数千の帰国二世の児童たちは、厚い日本語のカベの前で、援助なしに立ちすくんでいることを、どう考えたらよいというのだろう。

一九五三年、敗戦後八年をへて引揚げが行われたときには、文部省は次官通達によって引揚げ児童・生徒の受け入れ要領をくわしく指示し、公立高校においては「時期、定員にかかわらず転学を認める」ものとし、とくにそのなかで、つぎのように注意をよびかけている。

学校は、校長、教職員および児童生徒が全校をあげて、これらの児童生徒に対し心からの理解をもってあたたかく接するよう、特に校長はこの点について適切な指導を行なうことが望ましい。

当時、〝中共帰りは筋金入り〟という懸念が働いての、この文部次官通達の発令だったとしても、その内容はいまもなお適切なものというべきだが、今回の残留婦人、残留孤児の子女たちの帰国にあたって、同様の通達が文部省から出されたということは、いまだ耳にしていない。一九五三年の引揚げと、それから三十年の歳月をへた今回の帰国とは、その歳月だけを考えても、より困難な条件におかれているはずの帰国者二世に、文部省からの積極的な施策はなんら施されていないといってよい。厚生省を通じて国費で帰国する「残留孤児」家族の子女に簡単な日本語教習書とカセットテープが与えられるだけだという。私費で帰国した残留婦人の子女には、この恩恵すらも与えられてはいない。

　東京江戸川の葛西小・中学校の日本語学級は、元来、江戸川区に住む韓国からの引揚げ者子女のため特設されたもので、それがいつしか中国帰国者子女のためのものに発展したものであり、東岩槻小学校の場合には、すでにみたように、校長先生が〝切腹覚悟〟で専任教員を要請して実現したものだ。文部省すなわち国は、あらかじめ何らの施策をも施していないことを、それは示している。検定教科書から、侵略戦争の記述をできるだけ削ることに忙しすぎて手がまわらぬとでもいうように。

　いまのところ、日本語学級は、現場からの悲鳴によってはじめて実現するような仕組みになっているが、さてそれが実現すると、教材や教育機器の費用が文部省から出るかわりに、「引揚げ子女教育研究協力校」という名が与えられ、年間の研究報告の作成が義務づけられる。「引揚げ子女教育研究」とは、なにを研究するのか。研究した上で、対策をたてようというのか。幾つかの「引揚げ子女教育研究報告書」に目を通してみたが、それはいずれも、「研究」などという名とはほど遠い、困難な教育実践の記録となっている。東岩槻小学校の研究報告書もその例外ではなかったが、金子校長先生はひとこと、

「当局からの視察の申込みだけはお断りしました」

とつけ加えた。

それにしても、「引揚げ子女教育研究協力校」に指定され、中国語の専任教員のいる学校はどのくらいあるのか、ここに一覧がある。

	都府県	校　名	年度	人数
小学校	岩　手	都南村津志田小	58〜59	6人
	埼　玉	岩槻市東岩槻小	59〜60	15
	東　京	新宿区西戸山小	〃	16
	神奈川	横浜市元街小	〃	21
	長　野	長野市芹田小	58〜59	5
				計63
中学校	岩　手	都南村見前中	59〜60	16
	東　京	足立区第四中	58〜59	21
	〃	新宿区西戸山中	59〜60	9
	〃	墨田区鐘ヶ淵中	〃	14
	長　野	泰阜村泰阜中	〃	5
	広　島	広島市観音中	〃	35
	福　岡	福岡市壱岐中	58〜59	9
				計109

小学校でわずかに五校、六三名、中学校で七校、一〇九名。国交回復以来一万人ちかい帰国者がいると伝えられるなか、特設学級の恩恵に浴している帰国者二世はその一割にも充たない。逆にその十数倍の児童・生徒が正しい日本語を修得する機会のないまま、きびしい競争社会の鏡ともいうべき小・中学校で、日本語のカベの前に放りだされていることを意味する。

東岩槻小学校に、中国語の専任教員が配置された一九八四年三月の初め、市内を流れる綾瀬川で沖縄出身の労務者玉那覇秀夫さん(46)が水死体で発見されるという事件が起こっている。事件はむろん、東岩槻小学校とは無関係のものだが、岩槻署と県警捜査一課では、これを殺人事件として内偵をすすめた結果、三月二十一日の夜、大宮市内に住む三人の若ものを容疑者として逮捕した。無職S(21)、廃品回収手伝いO(21)、無職H(20)とあるが、三人は大宮市内の中学校を出ると〝暴走族〟となり、やがて大宮市内の暴力団の配下に入っていた。新聞は事件の概要をつぎのように伝えている。

S等は二月八日夜、乗用車で大宮市蓮沼を通りかかった際、酒に酔って路上を歩いていた玉那覇さんと口論となったあと、玉那覇さんを同市大和田のマンションに連れ込み、なぐるけるの暴行を加えた。

さらに綾瀬川まで連れてゆき、再びなぐるけるの乱暴を働き突き落として水死させた。

同署は玉那覇さんの頭部などに外傷があり、現場に行く理由もなかったことなどから殺人事件の疑いもあるとして捜査を続けていたもの。

事件は酒を飲んでけんかになり、多勢に無勢で、被害者が川に落され、三週間もたってから水死体となって発見されたというもので、新聞はごくありきたりの事件として扱い、その後の報道はないが、いま、三人の若ものは殺人事件の容疑者として、浦和地裁で裁かれている。事件そのものは、新聞もそれほど追跡しないように、酒の上の口論から殴りあいになって殺人にまでいたってしまったという、ごくありきたりのものだが、相互の人間関係に立ち入ってみると、簡単には見すごせない。

被害者は沖縄に生まれ、在日韓国人女性と結婚したが、離別して大宮に移り住み、日傭労務者となって独りぐらしをしていた。

一方、検察側から主犯と断定されているS君は、残留婦人であった母親とともに中学時代に来日した帰国者二世だということが目をひく。母親は岩手の開拓団で大陸に渡り、敗戦の混乱のなか、家族の犠牲となって現地の中国人に嫁いだ。六男一女をもうけ、いまでは十一人の孫がいる。一九七六年の春、母親は中学生だった五男のS君とその弟を伴って帰国し、病院の賄婦となって働き、夫以下総勢二二人の家族をすべて日本によびよせた。日本語ができるのは母親だけであった。

母親によれば、S君は大宮の中学に入ったものの、日本語もわからず、ことごとにいじめられ、山にかくれたり、自動車の下にもぐったりして、母親が勤めから帰るのを待ったという。シャツを破られ、自転車をこわされ、鼻血が出るほど殴られた。母親が中学の校長に相談に行くと、

「中国人だから仕方ない」

という冷たい返事がかえってきただけだったという。日本語もろくに話せないまま、いじめぬかれた末にけんかの手法だけを身につけて中学を卒えたS君が、身をおくところといえば暴力団以外にはなかった。

「悪いとはわかっていたが、そこしかなかった」

という彼のことばを翻訳すれば、そこには力以外の差別はないと信じたからにちがいない。けれども、そこにも差別はあった。係争中の事件についてことばをさし挟むのはためらわれるが、日本語の表現力の不十分さにかこつけて、S君が主犯に仕立てあげられた形跡が、その調書から読みとれるからだ。そのことに気づいた彼は、いま獄中で徐々に変化しつつあるという。辞書をさし入れてもらい、日本語を勉強するかたわら、六法全書をまで読めるようになった。

先日は忙しい所小生の為にわざわざ面会に来て下さいまして誠に有難う御座居ます。

小生の今たって居る場所は暗くて長いトンネルの入口です。まだ先は長くて出口は見えて居りませんが、お陰様で何一つ不自由なくやって居ますので一日が早いですよ。此れも偏に今小生がこうやっていられるのも、お陰様に多数の人様の支えがあっての事と感謝して居ります。

獄中からのS君の手紙の一節だ。

彼の調書を読みながら、わたしはあらためて、東岩槻小学校の校長金子文雄先生の〝切腹覚悟で〟ということばを思い起こしていた。〝切腹覚悟〟ということばは、帰国二世の児童生徒たちの置かれている危機の深さと対応して、金子先生の口をついてでてきたことばにちがいない。〝切腹覚悟〟で誰かが歯どめをかけぬかぎり、日本語を基本から学ぶ機会なしに放置されている帰国二世は、今日の選別教育のなかでは、S君と同じように生きる選択肢をほとんど与えられていないといってよい。帰国者に人権はないという、金子校長のことばが思いあわされてもくるのだ。

四

中央の新聞・TVに大きく報道されて、帰国者の深刻な現状の一面を世間に広く知らせることになった二つの事件を、当時の新聞にさかのぼってもう一度反芻しておく必要がある。

そのひとつは、一九八二年十一月、兵庫県の残留婦人の家庭で起こった事件だ。

八日午前四時四十分ごろ、神戸市垂水区の県営住宅、無職I・K子が「酒ぐせの悪い息子を家族で殺した」と垂水署へ届けた。署員が駆けつけると、次男の会社員Tさん(29)が四畳半の布団に寝かされてすでに死んでいた。同署は隣室でぼう然としていたI・K子や長女、三男、四男夫婦の六人全員を殺人の現行犯で逮捕した。

というものである。解説記事によれば、I・K子さんには十年前に死亡した夫とのあいだに五人の子どもがあり、結婚していない次男、長女とともに二年前に永住帰国したが、日本語の不自由な次男の就職はままならず、酒におぼれ、母親に乱暴を働くようになった。そんなこともあってか、事件の起る数カ月前、三男夫婦、四男夫婦も来日し、2Kの住宅に大人ばかりが七人、五人は生活保護十七万円を受給して生活していた。男三人が六畳に、女四人が四畳半に寝ており、そのため長女は押入れを使っていたのだ、とある。

調べによると、Tさんは七日午後七時ごろ、勤め先から酒に酔って帰宅後、さらに清酒〇・七リットルを飲んだ。八日午前二時ごろになって、母親や三男ら家族に殴るけるなどの乱暴をしたうえ、「包丁を持ってこい」などと暴れ始めた。このため母親らが「殺してしまおう」と相談、Tさんを倒し、押さえつけたうえ、家族全員で首を絞めたり、口を押さえるなどして殺したという。

続報によれば、母は一身に罪を負うような供述をしたが、子どもたちは全員で手を下したとも述べ、結局、三男、四男だけが起訴された。県営の高層アパートで一家に隣近所のつきあいはなかったけれども、付近住民のあいだに減刑嘆願の運動なども起こって、最近三年ごしの審理のすえ、この事件はそのあまりにも悲惨な情状がくまれて、執行が猶予される結果がでた。

もう一つの事件は、一九八一年四月、東京下町の民間アパートで起こった。

十五日午前六時ごろ、荒川区東日暮里三丁目の会社員から「隣のアパートに住む女性が刺されて逃げて来て、包丁を持った男が追いかけてきた」と荒川署に一一〇番があった。同署員が駆けつけると、同所すず美荘七号、清掃作業員山岸睦子さんが胸と腹など数カ所を刺されて死んでおり、さらに同荘二階廊下で会社員石田憲治さんが胸を五カ所刺され血まみれで死んでいた。現場に急行した救急車の中で手のけがの治療を受けていた同荘に住む中華料理店員A(20)が「包丁で刺した」と言ったため、殺人の現行犯で逮捕した。

というものである。A君の母親も残留婦人で、夫の死後、帰国を決意し、結婚している長女、次女を残し、長男のA君と三女とをつれて一年前に永住帰国してきた。母親は日本語が自由だ。三女も数年前母親とともに一時帰国したときに日本語に慣れた。A君ひとりが日本語を知らず、銀座にある日本語学校に通ったが身につかず、「不安神経症」にとりつかれることになった。被害者の山岸睦子さんが毎朝廊下の電灯を消しにくるのが、監視されているのではないかという妄想となって、この朝犯行におよんだ。止めに入った石田憲治さんも、A君には悪魔の手先と映り、夢中になって包丁をふりまわしてしまったというのだ。精神鑑定の結果、彼は不起訴のまま、病院へと送られた。

隣人殺人を犯したA君が収容されたという東京都立松沢病院に、帰国者患者の臨床にあたる江畑敬介医師を訪ねて、「移民の精神医学」というジャンルがあって、さもありなん、アメリカには百年の蓄積があるということを、わたしはこんど初めて知った。

江畑さんは、中国からの帰還者を大別して、敗戦後の大量帰国時代を第一次とし、日中国交正常化以後を第二次とし、第二次帰還者の大部分は、「日本語会話が不自由なこと、日本文化に馴染みのないこと、さらには日本での社会経済的基盤が不安定であることなどを考えると、精神医学的には異種文化圏への移住者、すなわち移民の一亜型」ととらえるべきだと提唱している。中国からの帰還者たちを「移民の一亜型」とよぶのは、いかにも酷にひびくけれども、酷にひびく感情のレベルを離れて、事態を科学的にリアルにとらえる政策が緊急に求められていることもまた事実だ。

そのような前提にたって、江畑医師の研究に耳傾けると、移民の精神が病む素因は、「移住国側の要因、出身国側の要因、そして移住の行われる状況の三者の相互関係」に規定されるというのが、最近の定説とみられる。

これを中国からの帰還者にあてはめてみると、彼らは文革を体験した社会主義国から、高度成長をへた資本主義国へと、あまりにも対照的な環境の変化に身をさらすことになった。しかも、彼らの移住の背後には、半世紀におよぶ不幸な歴史が横たわっている。彼らの両親もまた、誤まれる国策によって送りだされた移民であり、多くが屯墾病という心の病いを経験している。それから戦争と敗戦、遺棄と忘却の長い時間をへて、ふたたび彼ら自身、心ならずも移民の立場におかれている。その子どもたちをふくめると、三代にわたる終わりなき旅をしいられてきたことになる。

社会文化状況の大きな落差、日常生活における習慣や価値観の埋めがたい相違、四十年間馴染んできた親戚との別離、友人の喪失。言語障壁による心理的疎外感・孤独感……こう考えてくると、帰国者たちの心の病いへの契機は数えきれぬほど彼らをとりまいている。

一般に、移民の心の病いの症候学的特徴は、第一に「猜疑心と妄想傾向」として現われ、第二に「不安と抑うつ」、若ものは不安に、中高年者は抑うつにとりつかれ、第三には「身体的愁訴」となって現われるようになるという。じっさい、わたしが会った多くの引揚げ者たちが、多かれ少なかれ、部分的にそのような危機に見まわれ、ボランティアの人びとに助けられて、それをのりこえてきたと語っていたことが思いあわされてくる。

精神医学者のH・B・M・マーフィーらがニューヨーク、シンガポールなど多民族の混在する都市を対象にして行なった調査によると、「ある地域に居住する民族の人口密度と、その民族の精神疾患の発生率は反比例する」と報告されている。つまり多民族混在都市で、民族の集団が大きければ精神疾患の発生率は少なく、集団が小さければ発生率は高いという結果が示されている。このことから、江畑医師は、

「固有文化からの断絶が精神障害の発生に関与していることを示唆している」

とみる。

ニューヨークのように、必ずしも共通の英語にたよらずとも、母国語だけで生活の可能な、そして、片ことの英語でけっこう不自由することのないような都市においてすら、彼らの生い育った母国の文化との断絶が、移民に大きな心の負担になっていることを思えば、単一言語の今日の日本にあって、四十年中国文化のなかで育まれた帰国者たちの負う心理的負担ははかり知れぬほど重いものと想像される。逆にそこから、バイリンガルな言語空間をもたぬ日本という風土の鎖国性が浮き彫りになってくるようにも思われる。軟着陸のきかない硬質な言語風土といいかえてもいいだろう。

この秋、長野県が国交回復後現在までの中国帰還者百四十八世帯五百五十四人を対象に行なった実態調査では、次のような結果が出ている。

十五歳以上の回答者中、「テレビが理解でき、電話で用が足りる」のは四九パーセント、「日常会話はできるが難しい話は無理」が二八パーセント、「あいさつはできるがそれ以上はできない」が一五パーセント、「すべて通訳を必要とする」ひとが六パーセント(二十七名、そのうち帰国後二年以上たつひと十二名)。過半数の人びとが、まだ日本語のカベの前で悩んでいることが、この調査から浮かんでくる。

これまで、江畑医師の扱ってきた患者は十九例、そのうち十五例がいったん本籍地あるいは身元引受人のいる地方に帰っていって、定着に失敗したケースであり、その十五例中半数に近い七例が長野県に定住できなかった人びとだという数字がでている。

十九例だけをもって全体を推し測ることは不可能だが、帰国者たちのおかれた劣悪な条件から、潜在的患者の多いことは想像がつく。実態調査の緊急性を、江畑医師も認めていた。

四十年にわたって自らのなかに育んできたものを棄てようとしなければならぬものにとって、精神の危機が現われるのは当然なことで、日本的善意だけでは対処しきれぬ問題がそこにはあるはずで、まして日本的ホスピタリティで日本語の〝特訓〟を強制するのは、きわめて危険だと、江畑医師は言う。精神衛生的には、帰国者数世帯がともに比較的ルーズな形で日本人社会に混在し、ゆっくりと同化していくのが理想的であり、個々の家族に応じたきめこまかい対策も必要だと江畑さんは説くのだが、わたしがこれまで見てきたかぎり、それらの対策はなきにひとしいといわなければならない。

五

A君の隣人殺人事件を報じた記事には、この種の事件報道に必ず登場する〝識者〟のコメントはついていない。登場する余地のない〝識者〟に代わって、帰国者の最後の〝寄港地〟ともなっている東京・生活保護宿舎施設「塩崎荘」の八木巌管理係長がこう語っている。

この事件は例外的なケースではなく、起こるべくして起きた。日本人がアメリカ留学で自殺することがあるように、引揚げ者は、必ず一度は異なる文化圏へ移住したのに伴う不適応を起こす。多くの人が克服できるが、一部にはノイローゼ状態になる人が出るのは避けられない。政府はこうしたことを知りながら放置しているのが現状だ。専門のカウンセラーが世話をし、中国語がわかる人がそばにいる住宅環境を作る必要がある。

「政府はこうしたことを知りながら放置しているのが現状だ」ということばのなかに、現場をあずかる人の怒りが示されているように思われるが、それから四年たった今日、現状は少しも変ってはいない。変ってはいないどころか、悪化の一途をたどっているとさえいえるかもしれない。塩崎荘の近藤文彦所長の報告「繁栄のかげの病理」によれば、同更生施設の入所者中、五五・七パーセントが精神疾患者であり、その更生施設と隣りあう宿所提供施設の利用は中国帰還者が六割をこえ、とりわけ自費帰国者と、二世帯帰国者が多くなっているという。さらに、その実態をくわしくみれば、終戦時の混乱のなかで中国に残留を余儀なくされた女性の大半は、中国人と結婚し、子供をもうけたが、向老期に至って望郷の念やみがたく、夫や子供達を説得し、旅費の工面ができしだい順次帰国してきたが、帰国先の親類での居心地が良くないとか、就職や子供達の日本語学習上のこと等で活路を求めて上京する例、また、先に帰国した都営住宅の親元に子供、家族が帰国し、同居したが住居の狭あいと、日本語学習を理由に入所してくる例、等が目立っています。

帰国二世は、日本語がほとんど解せず、そのうえ生活習慣、価値観等、文化が全く異ることから随所で誤解によるトラブルを起しがちです。また、カルチャーショックによる精神疾患を生じている事例もあって、その処置はとまどいの連続です。

しかも、この「宿所提供施設」は戦後のある時期、住宅難時代の所産であって、全国的にみれば「ほぼ役割を終えようとしている」施設にもかかわらず、ここだけは滞留傾向が高まってさえいるというのだ。さきにわたしが塩崎荘で会った宮本実さん一家も、まだ生活のメドが立たぬまま、この寄港地からいまもなお旅立てずに、ひっそりと暮らしている。

A君の隣人殺人事件が起こって一年をへたのち、厚生大臣の私的諮問機関として「中国残留孤児問題懇談会」が設けられ、各界の識者がえらばれ、その席には外務省、大蔵省、文部省、労働省からもオブザーバーが派遣されることになったが、帰国者たちの誰もが必ず逢着する「異文化圏への移住に伴う不適応」に対処するための精神医学の専門家の名はそこには見あたらない。対処のなかから、心の問題がすっぽりと抜けおちているように思われてならない。

ついでに言えば、この諮問機関の名称からは、「残留婦人」が抜けおちてしまっている。浦和地裁の法廷に立っているS君の場合にしろ、神戸における次男絞殺事件にしろ、A君の隣人殺人事件にしろ、いずれも残留婦人とその家族の、陽のあたらぬ深刻な生活実態を映しだすものであった。一九八一年から始まった肉親探しによる残留孤児の帰国にあたっては、世論を反映して曲りなりにも「国費」扱いとなってはいるが、残留婦人とその家族には依然として国家的救済の光はあてられぬまま、すでに引揚げてきたものも、依然残留しているものについても、放置されたままになっていることに目を向ける必要がある。

もうひとつ、ついでに言えば、ついでに言うべきことではないけれども、敗戦から四十年をへて、「中国残留孤児」の引揚げが厚生省引揚援護局を窓口にして行なわれているという現実についてなのだが、敗戦直後の復員業務以来の継続性を考えれば、まさに「戦後」は引揚援護局を通じていまもなお生きつづけていることを意味する。引揚援護局の人びとが誠心誠意、この問題に取りくんでいることも、わたしはよく知っている。

にもかかわらず、一九八一年以来、年二〜三回のペースで行われてきている「残留孤児の肉親探し」にたずさわる関係者、ボランティアのあいだに、ある一つのいらだちのようなものが醸しだされてきており、同時にまた、これまで来日した「孤児」のあいだにも、また別のいらだちが出はじめていることは、第八次肉親探しに来日した調査団に託された第六次訪日調査団瀋陽班の公開書簡にもうかがえる。

この書簡で孤児たちは、永住帰国の前提条件として、戸籍、国籍の回復を規定していることが孤児にとっていかに酷な要求であるかを訴え、同様に、永住帰国の条件として保証人を必要とすることが、実質的に、永住帰国を拒絶するに等しい効果になっていると指摘し、「孤児問題は非常に切迫しているのです。光陰矢の如く、時間は生命であります。孤児たちもすでに五十歳近くになっています。このままではいったい何時になれば帰国できるのでしょう」と、切迫した気持を表明して書簡をしめくくっている。

年ふるごとに調査の進展がにぶることもあって、毎度代々木の調査会場で行なわれる涙の対面や身元の判明しない孤児の嘆きに立ちあっているボランティアの人びとのあいだに、「もうこんなセレモニーのくり返しはたくさんだ」という声も上っており、なかには「日本人はサジストなんじゃないでしょうか」と深い嘆息をもらす関係者もでてきている。と

中国残留日本人孤児の概況
(1985年10月17日　厚生省発表の数字より)

総　数	2135人	中国に残留　1895(うち身許判明　631)	
		永住帰国　240(身許未判明者も含む)	
身許判明	866		
身許未判明	1269	訪日済	304
		85年度(第9，10次)訪日予定	265
		86年度訪日予定	700

注：中国側名簿記載者のうち，日本人孤児であるか未判明の者等もあり，データの組合せによっても計算が合わないことがある．この数字はあくまで概数と考えていただきたい．

りわけ、第八次調査団の身元判明率が二三パーセントという低率に終った衝撃は深く、四十年の歳月のとり返しようのないことへのいらだちがあらためて広がっている。

第八次身元調査団の来日した一九八五年九月二十五日現在で、「残留孤児」にしぼって、「中国残留孤児問題全国協議会」の庵谷磐会長の作成してくださった数字は別表の通りだ。

一九八一年、正式に肉親探しが開始されて以来、テレビ、新聞であれだけ大きくクローズアップされてきたにもかかわらず、この数字からすると、身元未判明のまま中国に残留している人びとが全体の六割におよび、身元判明者が八六六名もおりながら、永住帰国した人びとの数は身元不明のまま帰国したものをふくめてわずか二四〇名でしかないという現実を考えると、問題がすべて解決するためには、これからどれだけの歳月を必要とするのか。十年とみる人もいれば、いやいまのテンポだと五十年かかるという人もあって、「孤児問題はまもなく孤老問題になりましょう」という人もいる。厚生省は、肉親探しの訪日を一九八六年いっぱいで終える予定だという。じっさい、いくらか儀式化した訪日肉親調査は計画通り遂行できるかもしれないが、六割をこえる身元不明者のその後は、どうなるのだろうか。このような数字をみれば、もはや、厚生省の一部局の奮闘のみでは、問題は解決しえないところにきているように思われてならない。

日本弁護士連合会の決議で、なにびとも祖国に帰還できる権利が確認されたとはいえ、国籍の問題ひとつとってみても、戸籍取得のカベがあり、保証人を必要とするというような、身元未判明の「孤児」には越えがたいハードルがたちはだかっている。永住帰国を保証するような経済的な対策もなきにひとしいばかりではなく、言語の修得をはじめ文化の差異を埋める手だてもほどこされてはいない。それらの諸問題はほとんどボランティアにまかされているといった現状なのである。

日弁連の決議をうけて、東京弁護士会が、一九八五年八月八日に、関係機関に提出したつぎの要望書は、「残留孤児・残留婦人問題」の現状を浮き彫りにしているといってよいだろう。

中国残留邦人問題についての要望書

日本弁護士連合会は、昭和五九年一〇月一九日に大阪において開催された第二七回人権擁護大会において、当会よりの提案に基づき中国残留邦人の早期帰還実現と、帰国後の諸施策の改善等を要望する決議を採択した。

当会は、右決議の趣旨に基づき、中国残留邦人の帰還問題につき、帰還の早期実現のための対策、帰国手続、帰還後の生活に関連して生ずる国籍、住居、教育、就職等の諸問題につき、法律の制定、改正を要することなく改善可能な諸施策につき、調査検討した。

中国残留邦人は、戦前、戦中の日本政府の政策に従って旧満州国に渡りながら、敗戦に伴う混乱の中で心ならずも中国に残留し、悲惨な経験を強いられた人々である。このような立場にある人の帰国希望を早急に実現し、帰国後の安定した生活を保障することは、日本政府、日本国民の責務であると共に、この問題を放置することは、残留邦人の自国に帰還する権利を侵害する人権問題でもある。

我々は、このような基本的認識に立ち、厚生省の関係部局の担当者、中国帰国者の援護のため活動している諸団体の関係者、帰国者のための日本語教室の教師など多くの関係者より実情、ご意見を伺った。

その結果に基づき検討の結果、当面、次に掲げる諸施策を早急に実現するよう、関係当局に要望するものである。

第一　帰還までの対策として要する事項

(一)　身元調査について

国内調査について、旧開拓団、企業、軍及び軍属関係、各旧居住地域等の関係者を追跡調査し、帰還者と現地における死亡者、行方不明者等を割り出して組織的な資料を整備し、予備調査、公開来日調査による資料を照合して調査を充実し、その調査結果は入手を希望する残留邦人等に公開すること。

〔理由〕　残留孤児の最も多い旧開拓団等、帰還生存者等の証言を集成すれば、誰の子が何処で養子とされたか、或いは行方不明になったかは、かなり高い率で判明しているのが現実であり、これらの資料と孤児側の資料を照合すれば、身元判明率は現在よりはるかに高率になるはずである。現に公開調査に来日前後にボランティア等がこうした開拓団、軍関係者を調査面接して判明した例が多いことは、これを実証している。

こうした生存者も既に少数になりつつあり、至急証言を求めておかなければ再びその機会はなく、予備調査、短期間の来日調査の成果も生かしきれなくなり、緊急にこれを必要とするものである。

(二) 帰還計画について

残留邦人に対する帰還後の受け入れ計画、及び年次帰還受け入れ計画を至急確立して公表し、これを残留邦人及び日本国内の関係者に知らしめること。

〔理由〕 このたび厚生省が、身元未判明者についても中華人民共和国政府との協議により中国籍のまま計画的に帰還を実現することを決定されたことは、この問題解決のため誠に喜ばしい。

しかしながら、残留者にとっては、日本帰還後の生活の維持等日本側受け入れ定着策につきその詳細を知らず、このため中国側親族と帰国するか否かの相談が進まず、彼等自身も選択と決定が出来ず、円満な話し合いを欠く事態も生じている。

日本国内において肉親の協力を得られない残留者が実質的に自由な意思決定をなすには、日本に帰還した後の生活・就職等が確保されなければならず、こうした対策を、少なくとも計画は早急に確立して彼等に知らしめなければならない。今般、厚生省が残留孤児に配布した帰国案内は不充分であるとともに、受け入れ日本側定着政策の不備を専ら孤児等残留者側に負担させる前提となっており、しかも具体的に何時帰国できるのか全く判断できない。

更に、身元未判明者の帰還について、年次受け入れ数、希望後何年以内に帰還できるかを明確にしないと、せっかく中国籍のまま帰還できることを決定されても、何年後になれば帰還できるかがわからないために中国側親族との計画、準備等が進められず、極めて不安定かつ不安な心理状態にあり、かえって国籍の取得を急いで、右計画的帰国の枠外で帰国できるようボランティアの協力を求めたり、外国籍(日本)となって残留をつづける等の混乱が生ずる。

こうした計画が確立して公表されないと、日本側ボランティアとしても、残留者の心情を理解しつつも対応に困惑せざるを得ない。少なくとも帰国を決意し、その手続をした場合、二年ないし三年以内には帰国できる程度に、年次計画を確立して公表されることが急務である。

第二　帰還業務について

(一)　調査の結果、残留孤児又は残留婦人と判明した者が日本国に帰還することを希望した場合には、日本国に肉親の有無にかかわらず、日本国内の肉親による一切の協力、手続を要せず、政府が一切の援護をしてその帰還を実現すること。

〔理由〕　現行の残留孤児ら未帰還者の帰還援護は、もともと未帰還者の留守家族を援護する趣旨に出ており、これがため現在日本国内に肉親が判明しても、その肉親による帰還のための協力が得られないため帰還が実現できない例が頻発し、更には帰還定着に協力することを避けるために肉親関係を否認しているとみざるを得ないケースすら生じている。これがため残留者と日本側肉親間に軋轢が生じ、多年辛苦に耐えて肉親を求め、帰国を願いつづけた残留邦人にとって、極めて冷酷な絶望的結果を招来するのみならず、回復できない深い心の傷痕と消え去ることのない怨恨までを残し、更には残留邦人及び中国全般に広く日本国と日本国民全体の情誼と人道を疑われる結果を招来している。

そもそも自国に帰る権利は残留者固有の神聖な権利であり、何人もこれを制肘できるものではない。かかる事実は残留邦人にとって極めて残酷な人権侵害であるとともに、日本国にとっても国辱的事実である。既に四〇年という長い年月が経過しており、早急に帰還を希望する全ての残留邦人の帰国を実現して、日本国民の良心とヒューマニティを実証すべきである。

(二) 国籍、戸籍について

調査の結果、残留邦人と判明した者が帰還を希望する場合、身元の判明と未判明とを問わず、日本国に戸籍、国籍のない状態においても帰還を援護して帰国を実現されたい。また、戸籍は本人の希望により、現行の就籍手続によらず、右調査結果に基づき調製、復活されたい。戦時特別死亡の宣告を受けて、抹消されている者についてもまた同じ。

〔理由〕今般、政府が、身元未判明者が中国籍のまま帰還することを認めたことは、帰還の促進に大きな前進となったが、身元判明者もまた肉親の協力が得られない場合があり、同じく中国籍のまま帰還を実現する必要がある。そして、帰還前、帰還後にかかわらず、本人に就籍手続をさせることは酷であり事実上不可能であるから、政府の調査に基づいて残留邦人と認定される以上は、政府の調査により日本国籍を認定して戸籍を調製されたい。

㈢　一時帰国について

一時帰国につき現行の制度は、日本国に戸籍を有することを要件として援護しているが、右要件を撤廃すべきである。

〔理由〕現行の一時帰国援護においては、残留孤児の公開来日調査を除いて、その他の一時帰国の援護に日本国に戸籍を有していることを要件としている。このため残留婦人、残留孤児のうち戦時特別死亡の宣告をされて戸籍が抹消されている等戸籍のない者及び身元判明により公開来日調査に参加できない孤児らは、日本国において、その死亡宣告の取消、就籍等の手続をしなければならない。

しかし、一時帰国者は日本に永住帰国するか否か未定であり、そうした段階で日本国に就籍等して国籍を復活させると二重国籍となり、そのいずれかの国籍を放棄するか、新しく取得した日本国籍によるものとして中国国籍を失うことになりかねない。かかる者が、中国に永住しようとしても、現在は中国籍を有していられるものを、その後、外国人となり中国での年金を失う等、種々の不利益が生じる。また、一時帰国のため日本国籍を得た残留者が、国籍の相違により法律上の地位の変動、その法律効果等充分に理解していない場合も多く、これがための混乱も生じやすい。

二重国籍の発生防止は国際法上の鉄則であり、現行の要件は理解に苦しむ。一日も早く右要件を撤廃して一時帰国を促進し、かつ混乱を防止すべきである。

(四) 帰還につき身元保証人を要する現在の取り扱いを撤廃すること。

〔理由〕 残留邦人は本来、終戦にともない日本国に帰還できるべき日本人であり、自国に帰るにつき保証人を要するとすることは世界人権宣言、憲法に違反する。

現実にも身元保証人が得られないため帰国の障害となっている残留者が多く、重大な人権侵害であり、速やかに撤廃すべきである。

(五) 帰国費用(渡航費)につき日本国内の協力者、又は本人がこれを支弁したときは、後日国庫より立替金として支給される道を開くこと。

〔理由〕　現行の制度においては、留守家族の援護という見地に立脚していたため帰国旅費を本人又は日本国内の肉親その他協力者が支弁したときは、いわゆる自費帰国者としてその費用はもちろん、定着上の諸策の福利をうけるについても自己負担を原則として不利益に扱われてきたが、これらは残留邦人を権利の主体として考えれば何ら合理的な理由がない。

現在においては、このため概ね国費帰国の制度を活用するようになってきたが、その帰国時期は国庫予算の範囲内で進められるために、本人達で決定できず、相当期間待たなければならない。

しかし、先に中国での離職手続きが進んでしまったり、日本国側の肉親が老齢化して健康を害し、或いは即時帰れば日本国内で就職口があるのに時期を失してしまう等とり急ぎ帰国する特段の必要あるものにとって何等融通がきかず、非人情的なそしりをまぬがれない。こうした場合、日本側の肉親、ボランティアら協力者が一時帰国費用を捻出する等して支出した場合、たとえ次年度においてさえ返還されることになれば、こうした場合に人間性ある解決が可能になる。この問題におけるボランティアらの献身的努力は既に長い年月に及び、自己負担も限界に達しており、事案に則した解決をするために、後日返還をうける道をひらくべきである。

第三　帰還後の対策

㈠　帰還手当金について

1　帰還手当金は少なくとも日本国の標準家庭が備えている家具・調度品を調達するに必要な金額を支給すべきである。

〔理由〕　現在の帰還手当は少額にすぎる。日本国で生活保護を受ける世帯であっても、家具・調度が全くない状態は稀有であり、これにひきかえ残留邦人の帰国した場合は無一物から定着しなければならない。従って生活保護法の適用を受けている現状では、一般の生活保護世帯より更に不自由でかつ欠乏した生活を強いられるものであり、極めて冷酷かつ不合理である。

2　一時帰国者にも帰国手当金を支給すべきである。

〔理由〕　肉親の協力があって一時帰国する者、又は公開調査で来日する者を除き、残留婦人等が一時帰国を渇望していても、肉親その他の経済的協力が得られなければ結局一時帰国期間中の生活保護をうけるにすぎず、渡航費を援護されても事実上一時帰国が極めて困難である。一方において不充分ながらも、定住帰国者が帰還手当金の支給を受け、かつ定住後援護措置をうけるのにひきかえ、四〇年の歳月により、定住帰国を断念せざるを得ない境遇の残留者が右の援護のみを受けるにとどまるのは極めて残酷であり、不合理である。

全ての残留者に一時帰国を実現し、せめて短期間の祖国訪問を意義あらしめるためにも、一時帰国者にも充分な帰還手当又はこれに相当する金員を支給すべきである。

㈡　定着促進センターの増設

少なくとも帰国を希望する残留孤児及び婦人の家族が、三年以内に帰国できるための受け入れ収容能力のある定着促進センターを完備すべきである。

〔理由〕　残留孤児の永住帰国受入れにあたっては、定着促進センターに四ケ月間収容し、日本語等の教育を受けることにしているが、現在の所沢市所在のセンターの収容人員では帰国まで幾年待たなければならないか判断もつかない状態であり、残留孤児も既に四〇歳を超えており、今後の生活設計のためにも早急に帰還を実現するため右施設の増設は急務である。更に、現在は残留婦人の家族は入所を認められないが、残留婦人も長い年月に及ぶ中国生活において日本語を忘れ、日本の現状の常識的知識すらなく、右センターに代ってその家族に教育を施すことが不可能であることは明白である。よって残留婦人の家族をも含めて、全ての帰国を希望する残留邦人の帰還が早期に実現するよう右センターの増設を急がなければならない。

㈢　教育に関する対策

1　帰国した成人のための日本語学級を全額国庫負担により全国主要都市に増設すること。

〔理由〕　今後、帰国者が増加することは必然であり、帰国者は現在でさえも東京または大阪とその周辺地域に集中しているので、今後も東京または大阪に集中することが予想される。帰国者の環境に恵まれない原因の一つに、右両都市でないと日本語教育を受ける機会がないことが指摘されている。そこで生活環境の改善と就職の確保のためにも、全国の主要都市に日本語学級の増設を急ぐべきである。

2　帰国者の子弟の就学については、中国語のできる教員を配置した特別学級を増設して帰国直後は、右特別学級で勉強できることを確保すること。

〔理由〕　日本語の全くわからない子弟が一般の学級に当初から編入される現状は、日常の共同生活中において極めて酷であり、子弟の人権を無視するものである。また、学習上も日本語が充分理解できるまでの数年間、各教科の学習の遅れも大きく生じ、言わば学習上の空白期間を生じる。ある程度、学習内容に使う日本語が理解できるまで、日本語と中国語の双方を用いた指導が必要であり、右特別学級における就学が確保されなければならない。

3　帰国後の子弟の高校以上の学校への進学にあたっては、特別枠を設ける等その入学試験、編入において配慮し、教育の機会均等を実質的に確保すること。

〔理由〕帰国者の子弟は従前中国で受けてきた教科の進度・内容と、日本国との相違が大きく、かつ帰国後も日本語を理解するまで学習に多大の障害を負担している。しかも、帰国受け入れ策の不充分な現状では経済的にも困難に直面しており、私立高校、私立大学への入学は、この面からも不可能に近い。かかる状態では、教育を受ける権利を均等に保障されていないことは明白である。


東京都は本年度から残留孤児・婦人の子弟に対する特別の配慮ある試験を実施されたが、この尽力に敬意を表するとともに、全国の国・公立の高校・大学に、これが実施されることを求める。

(四)　就職の対策

帰国者に対する職業訓練、中国在住中に取得した職能、資格の活用、国公営機関への採用、中国残留孤児援護基金により協力企業を募る等をして、帰国者の就職を確保すること。

〔理由〕残留邦人の帰国定着につき、就職の確保は最も重要かつ緊急を要する問題であるにもかかわらず、現状まで国家では何等積極的対策が取られていない。通常でさえ高齢者の再就職は困難であるのがわが国の実状であるのに、日本語に不自由であり、かつ中国における資格、職能が全く認められない現状においては、既に四〇歳を超えている帰国者の就職は極めて困難で、肉親、ボランティア等の力では、とうてい確保しきれるものではなく、国家の積極的援護が必要である。

例えば、中国において医師、看護婦、薬剤師、教師、技師等の資格のある者については、一定の研修を委託して後、特例試験をもって資格を認める等の配慮をなし、更に国公営機関で採用し、協力企業を募り就職を斡旋する等積極的な施策が必要である。

こうした絶対必要な対策が何等とられないままに、現状では労働条件の低い就職をせざるをえず、或いは失業して生活保護を受け続ける等のやむなきに至っている例が増加し、かえって一部では、恰も帰国者に勤労意欲が乏しいかの如き偏見が生じている。帰国者等は永年辛苦に耐えて、あこがれていた祖国に帰り、自らの勤労により幸福を追及しようという意欲に満ちて帰国している。彼等の中には最低生活に甘んじる意途《ママ》で帰国した者は誰一人いない。その彼等をして生活保護受給生活を永続させたり、低水準の生活をやむなくさせていることについて重大な反省が必要であり、早急に就職を確保する対策を確立しなければならない。

㈤　住居の確保

永住帰国者に対して、定着促進センター入所の者にはその入所中に、同センターに入所しない者には帰国手続して待機中に、公営住宅への入居を確保すべきである。

〔理由〕　現在、永住帰国者は、肉親その他協力者より、取敢えず民間の住宅等を確保して帰国し、然る後に順次公営住宅へ転居する等の処置が行われているが、概ね生活保護受給世帯のため、民間アパートは環境が良好でない上に、周旋料、転居料等、無駄な出費が重ねられることになる。

　帰国して来ることが確定すれば、いずれ公営住宅へ優先入居させることになるのであるから、帰国申請手続中、又は定着促進センター入所中に公営住宅入居手続をも可能にして、その生活を安定させるとともに、無意味な出費を節減すべきである。尚、公営住宅について、現在では地方自治体の負担が多くなり、かつ入居に不充分であるから、国庫支出により重要都市に特に帰国者用住居を建設する必要がある。

第四　その他緊急を要する対策

㈠　帰還及び定着等、残留邦人問題の解決を有効かつ迅速に進めるため、政府に特別対策室を設置するか、少なくとも連絡会議的常設機関を設置し、対策に遺漏なくまた実効の確保を期すること。帰国者、その他関係者の手続、相談のための窓口を一本化すること。
〔理由〕　残留邦人対策は、その全ての対策が相互に関連をもって帰国の実現、定着とその福利の増進を図られるものであるが、現状のように各省庁に分担されて相互に調整されないままであると、残留邦人の実態に理解と認識を欠く場合を生じ、かつ他官庁の担当する問題ごとに互いに不干渉となり、その結果、対策が円滑に進められなくなる。また帰国者等関係者にとっても対策を受益するのに判りにくく煩雑になり、多数の官庁を回らなければならなくなり、全てその不利益は残留邦人とその関係者におよび、かつ国家としても、この問題の解決が促進しないことになる。

例えば、労働省において就職確保のための積極策なく、困窮している帰国者に対して、厚生省側は生活保護受給期間の永続化を好ましくない現状と見たり、既に四〇歳を過ぎて自己においては日本国における幸福追及にも限度がある残留邦人にとって、子女の教育と将来は最大の問題であるのに、文部省では過去一〇ヵ年におよび何等の対策をもっておらず、その一方で厚生省が帰国の希望の有無を残留邦人に調査しても、学齢期の子弟をもつ年齢にある残留邦人にとっては困惑せざるをえない実情である。

国家としての対策、肉親、ボランティア等の協力を実効あらしめるためには、統一した指揮と窓口がなければならない。

(二)　養父母の老後の生活について、残留孤児及び中国人民の負担によらず、かつ感謝の意思を表明するに足りる措置を至急実施されたい。

〔理由〕　現在、養父母に関して中日両国政府間において協議中であるが、そもそも残留孤児が養父母の手に渡されたとき、あと数日満足な食事が与えられなければ、みな死亡する状況にあり、養父母に、これを救われたのである。

然るに養父母において、孤児が帰国し始めて数年になるのに、その生活が未だに省みられた処置が実施されていないことは、日本国と日本国民の人間性を疑われる問題である。既に養父母もみな高齢化され、死亡された方々も多い。

第二次大戦終結後今日に至るまで、中国において養われた残留孤児をはじめ多くの邦人の数を考えれば、おのずから今日までこれが実施できない原因は日本側にあることは明白であり、日本国は良識をもって即時解決すべきである。また、これにより帰国できない孤児の帰国を促進すべきである。

更に諸般の事情により永住帰国を断念せざるをえない残留孤児に対して、その負担を軽減する意味においても、帰国した孤児の養父母にとどまらず、中国に永住する孤児の養父母に対しても、金額の差異は生じても支払対象となすべきである。

昭和六十年八月八日

東京弁護士会　会長　山本栄則

この要望書は、東京弁護士会が、現行の法制下にあって可能な改善措置として提案したものだ。きくところによれば、立法府としての国会は、残留孤児問題について、根本的な立法措置をとっていない。

そもそも「残留孤児」の大部分は、一九三六年帝国議会の承認のもとに推し進められた「満州開拓」という国策の犠牲であり、一九四五年敗戦の犠牲者であり、かつまた戦後四十年、国家によって異国に放置されつづけてきた犠牲者であることは、すでにくわしく見てきたところだ。そのことに思いをよせて、四十年間、異国の養父母に育まれたことへの謝恩、永住帰国するものの生活の定着、永住帰国できぬ事情にある人びとの将来、等々を考えれば、この問題は、厚生省の引揚援護局という一部局にまかさるべき性格のものではなく、明確なポリシーに裏うちされた特別立法をもって、国家的レベルでとりくまれねばならぬ性格のものと考えるべき段階に来ているように、わたしには思われる。

六

わたしはこの一年間、残留孤児・残留婦人とよばれる方々やその周辺の多くの方々に会い、ひとりひとりが語りつくせぬドラマを背に負っていることを知らされた。

長野県埴科郷開拓団の歴史と人びとの運命についてはしばしばふれたし、先遣隊長の斉間新三さんにもたびたび登場いただいた。

いまあらためて、『長野県満州開拓史』の名簿に目をむけると、二十七歳の斉間さんが先遣隊長として「渡満」したのは一九四〇年十二月二十日と記されている。妻みきこさんが三歳の長女佐智子さんと一歳の次女志倭子さんを連れて夫のもとにおもむいたのは一九四二年春のことである。翌年の八月十五日に長男が生まれて剣佳志と命名されたが、若い父親は半年後の一九四四年三月に現地召集された。いわば〝根こそぎ動員〟のはしりであった。

南方要員として本土に送られた斉間新三さんは、九州宮崎で敗戦を迎えた。運命のいたずらとでもいうべきか、先遣隊長だけが、無事郷里に帰りついたのである。

埴科郷開拓団三〇八名中、〝根こそぎ動員〟によって召集され、シベリア抑留後復員した男たちをのぞけば、奇蹟の生還をとげたのは十一歳の吉池清隆少年ほかわずか四人にすぎない。数少ない生還者の口から佐渡開拓団跡の惨劇を伝えきいたときの元先遣隊長の苦衷は推しはかることさえむつかしい。団の悲劇を思えば、斉間さんは自らの妻子を失った悲しみにのみひたってはいられなかったろう。敗戦後の長い時間について多くを語らないが、斉間さんの心には癒すことのできない戦争の傷痕がきざまれたことは想像される。奇蹟の生還をとげた数人の証言を中心に、生きのこった仲間たちをかたらって埴科郷開拓団の記録『果しなく黄色い花咲く丘が』を斉間さんが編纂したのは、一九七八年のことである。三十余年の沈黙なしには、その記録は編むことができなかったのであろう。

この記録が編まれつつあるころ、佐渡開拓団跡に近い勃利県に何人もの遺児たちが生存しているという便りが伝わってきた。遺児たちを尋ね、探すことがまた、元先遣隊長の大きな仕事ともなり、自らも訪中することになり、斉間さんは遺児たちに父親のように慕われるようにもなっていった。じっさい、一九八一年の春永住帰国してきた宮本実さんは、その小柄な体をあずけるようにして「おとうさん」と言ってさめざめと泣いたという。

元先遣隊長は、元団員たちの遺児を探すことに熱心なあまり、自らの妻子のことまでは思いがまわらなかったといえば、うそになるかもしれないが、よもやと思っていた長男剣佳志君が、生きていたことが判明した。生後半年で別れた長男は、佐渡開拓団跡の屍の下に埋もれて生きていたところを助けだされ、養父母に養われて李中興と名づけられた。生みの親から享けた資質は養父母によって育まれ、四十歳の李中興さんは勃利の中学校長となっていた。中学といえば、日本の高校にあたる。

一九八四年夏、斉間剣佳志さんすなわち李中興先生は、半年の休暇をえて、実父のもとに四十一年ぶりに生まれてはじめて里帰りすることができた。父と子は、むろん自由に語りあえる共通のことばをもたなかったが、通訳を介し、筆談をまじえて来し方を語りあい、これからのことを語りあった。

幸か不幸か、斉間さんは、国交回復以来、埴科郷で生きのこった「孤児」たちを、これまで十家族も迎えいれる努力をしており、帰国孤児家族の現実をよくよくみてきた。父母の生地に帰ってきた十家族のうち、八家族がふたたび東京に去っていったという現実がある。かろうじて自立できたのは二家族だけ、たいていは、ことばを使えるようになるのに五、六年はかかる。新たな生活をきり開くことがいかに困難かという現実をつつみかくすことなく話した。たがいに語りあって、最後に出た結論を、父のことばとして要約すると、こうなる。

お前はいま、中学校長という重責をになっている。父はお前よりも年若いころ、五族協和という標語を文字通り信じて〝満州〟に渡った。誤れる国策のもと、志は生きなかった。しかしいま、お前は不幸な歴史をのりこえて、父の果さなかった五族協和の願いを、身をもって実践できる立場にある。日本に永住帰国する道もあるが、七十九歳の養父を置いて帰ってくるのは、人の道にもそむくことになる。現地にとどまって重責を果してほしい。父とお前とのあいだには海をへだてた遠い距離が横たわっているけれども、分断されている朝鮮半島もいつの日にかひとつとなるときが来ようし、新潟空港から吉林まで一時間で行けるときもくるだろう。わたしの孫たちはいとこ同士として気軽に往来ができるようになるだろうし、またそうさせなければならない。

この結論が出るのには、何度かの話しあいが重ねられたにちがいないが、納得した李中興先生は、半年の休暇を二カ月にちぢめて、勃利の中学校に帰っていった。その余った休暇で李中興先生が三年とか五年とかに一度、父のもとに帰ってきたり、李中興先生の子どもたちが日本のいとこと自由に往来して親戚づきあいができるようになることを祈らずにはいられない。

「切ないときには手紙を書きなさい」父のことばに従って、李中興先生は、父に長い手紙を書いてくるという。

大八浪泰阜村開拓団の歴史をたどって、わたしが母村泰阜村を訪ねたのは、一九八五年夏の暑い日のことだった。ヤスオカムラというより八ツ岡村とでもいった方がぴったりとくるような、八つの山が重なりあってできたようなこの村には、平坦な道というものがなかった。すべてこれ、坂道ばかりといった道路を、軽四輪にわたしを乗せて二日間、案内して走りまわってくださったのは、村の保健婦さんをつとめあげ、二年前に退職したばかりという中島多鶴さんであった。

余生を村の「残留孤児」問題にうちこんで悔いないような働きをしている中島さん自身、まかりまちがえば、「残留婦人」になっていたかもしれないような死の淵を三度わたって、敗戦の翌年母村にひとりたどりついた。

父と弟は応召していなかった。長女の多鶴さんは母たまさん(40)を助け、十五歳、十歳、六歳、四歳、零歳、五人の妹たちをひきつれて避難行に移った。四人の妹たちがつぎつぎに飢えと病いで死んでいった。母たまさんは父が助けにきてくれると信じ、十歳の妹をつれて開拓団跡にもどっていった。二十歳《はたち》の多鶴さんは髪をザンギリにし、顔に炭を塗り、心を鬼にして母と別れた。

別れた母と妹の生存が確認されたのは、五年後のことだ。そして母と妹が無事生還したのは一九五三年夏のことだ。

四十年前のことを思うと、中島多鶴さんにとって、テレビに「残留孤児」が映しだされるたび、村におちついていることができず、上京して、代々木のオリンピック青少年センターにかけつけるのが、ここ数年の習慣になってしまっている。

原田やつよさんの家も中島多鶴さんのところと同様、子だくさんであった。泰阜村開拓団の名簿をみれば、六男鉄博君(7)が入植後まもなくアメーバ赤痢にかかって病死した以外は、やつよさんを除いて全員生還している珍しいケースだ。やつよさんは敗戦のとき十四歳、一家を無事祖国に帰すため、彼女は現地で孟陳山という人と結婚した。原田さん一家がほとんど無傷な形で泰皐村に生還できた背後に、やつよさんの現地での結婚という選択があったことが、名簿に語られている。

一九七四年、国交回復後、孟陳山夫人原田やつよさんは最初の里帰り組として、故郷泰皐村の生家に里帰りし、半年故郷の山河を思いゆくばかり吸って、ふたたび夫と五人の子どもたちのもとへ帰っていった。

「日本の衆に笑われないように、一所懸命子どもたちを育てました」

と、やつよさんは老母に報告したという。たっぷりと故郷泰皐村の山河を呼吸して満足したものか、原田やつよさんは夫孟陳山さんをみとって一カ月後、四十七歳の働きざかりに、三江省方正の地で亡くなったという便りがよせられ、異郷にある孫たちから、祖母のもとへ、遺影が送られてきた。太い眉と真一文字に結んだ口と、よく張った顎に、やつよさんの男まさりな意思の勁さが示されているが、淋しげな眼は澄みきっている。並ぶ夫の孟陳山さんの遺影は、海のように広やかな温かさをたたえている。五人の子どもたちのうち、三人が教職につき、二人が農民になったという。

わたしの郷里信州の佐久からも、大日向村開拓団をはじめ、多くの開拓団が送出された。神津よしさんに会ったのは春浅いころだ。

第九次密山千曲郷開拓団の名簿でみれば、神津橘次さん(44)きみのさん(33)夫妻が「渡満」したのは一九四一年春。長女よしさん(14)、長男幸衛さん(11)がいた。父と息子は敗戦の年十月八日ペタヤン北方で死亡としか記されていない。母と娘は吉林省敦化県に命長らえ、娘はそこで結婚した。敗戦後三十年になんなんとする長く、しかも短い時間のあいだに神津よしさんは六人の子をもうけた。母きみのさんは年老いるとともに、望郷の念もだしがたく、祖国の土を踏んで生まれ故郷の信州で死にたいと願った。神津よしさんは、国交回復を待ちかねるように、一九七四年春、老母につきそって吉林を発った。長い汽車旅のはて深圳から国境をこえ、香港の領事館にたどりついたとき、老母の書類にはためらうことなく「永住」と記したが、自らの欄になってとまどった。「永住」と記せば、敦化県にのこしてきた六人の子どもたちと永遠に別れなければならない。「一時帰国」と記せば、年老いた母をのこして三カ月でふたたび戻ってこなければならない。年老いた母親のかたわらで、よしさんは「永住」と記した。

いま、神津よしさんは老母の看病をしながら、長野県の依嘱で、日本語の通じない帰国者たちの通訳、生活相談員として、なくてはならない役割を果している。生別してきた夫

や子どもたちを、独力で交互に数カ月来日させるまでになっているけれども、

「でも……母を見送ったあと、わたしは中国に戻ろうと思っています。子どもたちが六人、孫が十一人も向うで待っているのですもの……」

と、神津よしさんは静かに、しかし自らに言いきかせるように言った。神津よしさんの長い旅もまだ終わっていない。

現代文庫版あとがきに代えて

井出孫六

一九七二年の秋、戦後二七年をへてようやく日中国交正常化が実現したが、両国間に平和友好条約が締結されるのには、なお五年の歳月を要した。そのころ、条約の締結を待ちかねたかのように、中国に残留を余儀なくされていた数人の婦人たちが、信州の山村に一時帰国(里帰り)したという小さな記事がわたしの注意をひいた。

それからまもなく、水上勉さんとお会いした折に、そのことが話題になった。当時、水上さんは信州に滞在することが多く、地元紙の詳報に目を通しておられ、婦人たちが信州の山村から送りだされていった満蒙開拓団の生存者であることもご存じだった。

「あなたは土地勘もあるから、あの婦人たちのことを調べてみたらどうだろう」

という水上さんのことばが、その十数年前、夜の鞍山駅で闇のなかから投げかけられた日本女性の声とかさなって、わたしの胸に重く残った。それ以来、わたしは折につけて満蒙開拓団の記録に目を向けるようになっていった。戦時下、わたしの郷里信州から三万人をこえる人びとが、「満蒙開拓団」や「満蒙開拓青少年義勇軍」として大陸に送られていったことを、あらためて思い起こすよすがとなった。

戦時中、出征兵士を町はずれの駅まで、日の丸の小旗をもって送ったのは、日常化した風景として記憶にきざまれているが、「満蒙開拓団員」をそのように見送った記憶はない。櫛の歯がひくように出発していったのであろうか。戦争も末期になって国民学校の同級生だったM君が「満蒙開拓青少年義勇軍」に応募して出かけたというのもあとになって知ったことで、彼を駅まで見送ったという記憶がわたしにはない。

残留婦人たちの一時帰国から数年をおいて一九八一年から、「中国残留日本人孤児」の訪日調査が始まった。敗戦からすでに三十六年の歳月がたっていたにもかかわらず、かすかな証拠をたぐって身元が判明する日本人孤児のほとんどが「満蒙開拓団」の子女であることがわかってくるにつれ、「中国残留日本人孤児」の存在がてらしだす現在と、先述したわたしの記憶あるいは認識のなかの欠落部分とはきりはなせないもののように思われてきた。その欠落をうめるために、わたしは「満蒙開拓団」を送りだした歴史へとあらためてさかのぼらなければならなかった。

本文中にもふれたように、わたしの郷里信州は戦時中、「満蒙開拓団」全国一の送出県を誇った負の歴史がきざまれている。「残留孤児」の身元判明率も、ほぼその数に比例している。そこはまた、わたしにとって土地勘のある場所でもあったから、いきおい本書の記述が長野県の送りだした開拓団に特化したきらいがなくはないが、問題の所在は普遍的なものと信じて疑わない。

本書は、「中国残留日本人孤児」の「訪日調査」の行われている東京代々木のオリンピック記念青少年センターに通うかたわら、雑誌『世界』の一九八五年六月号から十二月号まで、「蒼氓《そうぼう》は今もなお……」の表題で連載されたものだが、若干の加筆をし、同年末単行本となるにあたって、表題を『終わりなき旅』と改めたものである。「蒼氓」の文字は石川達三さんの処女作から拝借したが、『広辞苑』に「人民、蒼生《あおひとくさ》、たみくさ」とある。石川達三さんの処女作ともいうべき『蒼氓』は昭和初年ブラジルに移民する人びとの群を描いたものである。「蒼氓は今もなお……」は一九八一年三月、羽田空港に降り立った「中国残留日本人孤児」の方々に接したときのわたしの実感と重なっていた。

「訪日調査」は回をかさねるにつれ、身元判明者の数が減少していった。戦後四十年という歴史の節目を迎えた一九八五年末、本書が刊行されたころ、「中国残留孤児」の「訪日調査」は依然続けられていたが、身元を突きとめる作業は時間との競走といった様相をおびて、関係者の焦りをさそっていた。身元の判明した人にも、判明しなかった人にも、四十年という歳月の空白は重くのしかかってきており、終着駅の見えない旅がつづいているように思えるにつけ、最終章の表題「終わりなき旅」を採って書名とすることにした。

本書をどなたよりも早くお目にかけた水上勉さんが、読後感に添えて「この本に登場してくる人びとの十年後の姿を、ぜひもう一度伝えてほしいものだ」という意味のことを言われたのが、いまも心に残っている。

十年の時はまたたくまに過ぎたが、まだ「訪日調査」は続行中で、二一世紀に入ってもなお断続的に行われ、終着駅はいつ見えてくるとも知れない状態がつづいている。これまでに帰国した「残留孤児」は二五〇〇人をこえるといわれるが、敗戦から五九年、その大半は定年を迎え、「孤老」の域に達している。一九九四年議員立法で成立した「中国残留邦人等帰国促進・自立支援法」によって保証された国民年金は月額二万円余。やむなく生活保護を申請すればそれも差引かれ、中国にいる養父母や親戚を訪ねる自由も許されなくなるという現実や、背負いきれないほどの難問を解くために、東京・神奈川在住の五名の「孤児帰国者」が中心となって集めた十万人署名をそえて衆参両院に提出した請願は二〇〇一年の通常国会で審議未了(廃案)に終わった。この運動が核となって、二〇〇二年十二月二十日、「孤児帰国者」六二九名が東京地裁に「国は中国残留日本人孤児の帰国と自立を援助する義務があったにもかかわらずそれを怠った」として、「国家賠償」を求める集団訴訟を提起した(東京地裁提出・菅原幸助氏意見書)。これこそ、「中国残留孤児」が目ざす

「終わりなき旅」の終着駅とわたしの目には映ったのだった。

東京地裁における原告の数は第二次、第三次と増加して九五〇名となり、二〇〇四年七月現在審理は九回をかさねているが、提訴の波は鹿児島、名古屋、広島、京都、徳島、高知、札幌、大阪、岡山、神戸、長野各地裁へと広がり、全国の原告は一六七〇名に達している。

原告の多くが日本語もままならないため、意見陳述には通訳を必要とするが、この日のために懸命に日本語の陳述を準備してくる原告もいる。東京地裁における原告番号25番の纐纈《こうけつ》代美子《よみこ》さんの陳述の肉声をお伝えしておきたい。

意見陳述要旨

私は原告番号25の纐纈代美子です。

私は一九三五(昭和一〇)年七月八日に長野県で生まれました。私の家族六人で一九三九(昭和一四)年一〇月五日に、私が四歳のときに満州三江省《さんこうしょう》へ読書《よみかき》開拓団として入植しました。

一九四五(昭和二〇)年八月一五日、私が一〇才の時に日本は戦争に負けました。

私たち家族は、開拓団の人々とともに日本に帰国するために丸一日かけてアイジャー駅にたどりつき、そこで、汽車が来るのを一日待っていました。しかし、到着した汽車には日本軍の兵隊がたくさん乗っていて、私たちは汽車に乗せてもらえませんでした。

私たちは、ソ連軍に襲撃される危険性を察知し、山に隠れることにしました。しかし、駅を出発してから数日たった八月二一日の明け方、八虎力川《はちこりよくがわ》にかかった橋に差し掛かった頃、暴民たちにおそわれました。暴民たちは私たちに向かって鉄砲を撃ちまくり、ピンピンと弾丸が雨のように降ってきました。私は無我夢中で馬車からおりて道端の用水路の中に潜って隠れました。

私の姉は、同じ開拓団の子供を負ぶって私の前を歩いていました。姉が動かないので、おかしいと思った私は大きな声で「お姉ちゃん！」と呼んだのですが、姉からは返事が無く、確かめると子供の頭と私の姉の顔を弾丸が貫通し、二人とも亡くなっていました。また、このとき私の母は私の弟を負ぶって歩いていたのですが、弟の頭にも弾丸があたり弟も亡くなってしまいました。

また、この混乱の中、私の二番目の弟も行方がわからなくなってしまいました。その後は、毎日毎日、私たちは山の中を夜も昼も歩きつづけました。

急な川を渡ることも何度かありましたが、幼児を負ぶったまま川を渡ることが出来ず、負ぶっていた幼児を母親が川に投げ捨て、泣き叫ぶ幼児が川に流されていく場面も何度も見ました。

駅を出発してから一ヶ月半ほどがたち、方正県《ほうまさけん》の南門《みなみもん》のところまで来たとき、私たちはソ連軍につかまりました。ソ連軍は、私たちのことを、方正県の東村《ひがしむら》にある学校の仮収容所に収容しました。こうして、一九四五(昭和二〇)年九月末頃からひとつの部屋に二〇家族五〇人ほどが収容された状態での生活が始まりました。

食べるものも無く、一〇月頃から次々に人が亡くなり始めました。一一月になると気候も寒くなり、毎日死人が出るようになり、死体を収容所の前に積み上げるようになりました。そのうち、死体を運ぶ人手も足りなくなり、最後には部屋の中に死体を放置したままになりました。皆このままでは生き残れないと考え、子供が欲しいと言ってくる中国人に幼児をあげるようになりました。しかし、私の母親は私が残った唯一の子供だったので、絶対に私を手放そうとはしませんでした。一九四六(昭和二一)年一月になり、収容所に残ったのは私と私の両親と、私のいとこの鎌吉兄《かまきちにい》ちゃんだけになりました。この頃、井戸の水は凍ってしまい飲水にも事欠くようになりました。

ある朝起きると、昨日までは元気だった私の両親が二人とも冷たくなっていました。鎌吉兄ちゃんは「よみちゃん！　お父さんお母さんが全然動かないよ！」というので私が「そんなことないよ！」といって両親をゆすったり大声で名前を呼んだりしましたが、両親は二度と起き上がることはありませんでした。私が、両親の死体の間で泣いていると、鎌吉兄ちゃんが中国人のところに嫁に行った丸山のおばさんのところに事態を知らせに行ってくれました。そのおかげで、私は丸山のおばさんと再会し、私は大声で泣きながら両親が亡くなったことを告げました。そして、私が鎌吉兄ちゃんと一緒じゃないといやだ、と泣きながら訴えたので、丸山のおばさんは知り合いの中国人の男性に鎌吉と私の二人をもらって欲しいと頼み込んでくれました。しかし、この中国人は女の子しかいらないと頑として譲らず、結局私だけがもらわれることになりました。別れ際に鎌吉兄ちゃんは泣きながら私に「俺がもし生きていれば、必ずよみちゃんを探しに来るからね。二人とも一人ぼっちだよ。俺も一人ぼっちだよ」といって別れました。

中国人の男性は湯志清《たんししん》という名前で、方正県の自宅に馬車で私を連れて行きました。しかし、湯さんの妻は私を見るなり泣き出し、なぜこのように病気で汚い子供をもらってきたのかと、湯さんとけんかを始めました。確かに、私はこのとき栄養状態も悪く、しらみだらけで、お風呂にも入っていないのですからとても醜かったのです。湯さんの妻は「こんな汚い子は家に入れないで」といって私を外に出してしまいました。こまった湯さんは、私を隣家の兄夫婦にあげてしまいました。

私は、日本に帰ってきた後知ったことですが、黒竜江省《こくりゅうこうしょう》方正県では、敗戦後北満州の開拓団の避難民約八〇〇〇人が結集し、越冬することになったものの、そのうち三〇〇〇人は越冬は困難と判断しハルピンに向かったが、そのうち二〇〇〇人は途中で凍死・餓死したといわれ、ハルピンにたどり着いたのは一〇〇〇人足らずということです。残りの五〇〇〇人の開拓団婦女子が方正県で越冬しましたが、そのうち三〇〇〇人が凍死・餓死し、残り二〇〇〇人のうち約一〇〇〇人は残留婦人となって中国人と結婚し、残り一〇〇〇人の子供達も方正県の農家に孤児として引き取られたということを聞きました。私もこの子供達の一人だったのです。

その後、一九四八(昭和二三)年九月、一三歳になったとき、私は愛国村《あいこくむら》の田《でん》さんにトウモロコシと引き換えに売られました。当初田さんは、私のことをあまり気に入っていない様子でしたが、私が田さんの家の農作業を必死で手伝い、人一倍働いたところ、田さんはだんだんと私をかわいがるようになりました。そして、私が一六歳になったとき、田さんは息子の文学《ぶんがく》と結婚しなさいと切り出しました。

私は、まだ若すぎるし、そもそも日本人であるからいずれは日本に帰らなければならないときが来るので、それは出来ないと一旦は断りましたが、田さんの母親に泣いて懇願され、ついに折れて結婚を受けることにしました。

一九七五(昭和五〇)年に、それ以前に自力で日本に帰国していた鎌吉兄ちゃんが手続きを取ってくれたおかげで、私は第八期の集団訪日調査で来日し、自分の戸籍を確認することが出来ました。

このとき、私は三六年ぶりに日本に帰国しました。でも、私は日本語をまったく忘れてしまっていました。挨拶すら出来なくなっていたのです。

その後、私の三女の結婚相手の母親島田二三子《しまだふみこ》さんが私の身元引受人を引き受けてくださり、一九八五(昭和六〇)年六月一一日に、私はやっと日本に永住帰国することが出来たのです。このとき私は五〇歳になっていました。

私は、日本に帰国後すぐ、所沢の「中国帰国孤児定着促進センター」へ入学しました。そして、センターで四ヶ月半日本語を学習しました。私は、中国で日本語を独学で勉強していましたが、それでもセンターの勉強だけでは日本語を覚えきれませんでした。私が今このように日本語を話せるようになったのは、仕事をする中で日本語を覚えようと自分で努力をしたからです。

一〇月末ごろセンターを出て、私たち家族は、島田さんの住む長野県長野市に引っ越しました。市役所の厚生課の人が長野中央病院の清掃の仕事を紹介してくれました。午前八時から午後五時までで時給七〇〇円でした。このとき私は日本語が自由に話せず、他の同僚たちから煙たがられ、差別を受け、血だらけの「解剖室」のような一番汚いところの掃除を毎回私一人が割り当てられました。血だまりの中から、きみの悪い虫がうじゃうじゃと湧いていたり、注射針がたくさん落ちているような中、誰も手伝ってくれる人はなく、私一人で掃除をしました。私は三年間一生懸命日本語を覚えながらこの仕事にはげみましたが、いじめがとてもつらくなりとうとう仕事を辞めました。その後、私は子供たちを日本語学校に入学させて勉強させようと考え、T市に引っ越しました。

T市に越した後も、夫はさっぱり日本語が身につかず、毎日毎日「中国に帰りたい」と嘆いていました。また、夫は日本語が出来ないために仕事もなく、生活保護を月一〇万円ずつ受けるようになりました。

しかし、私は、これだけの収入では、高校、中学校、小学校に通う子供三人と私たち夫婦の生活をまかなうことは出来ませんでした。

また、私はどうしても、子供たちには高校を卒業させて、日本できちんとした生活を出来るようにしてあげたかったのです。子供たちが、私たちのように日本語が十分出来ないため仕事がなかったり、差別されたりすることのないようにどうしてもしてやりたかったのです。

そこで、T市には内緒でパートに出ることにしました。このときは、ホテルの清掃や弁当屋などの働き口を見つけて稼いだ収入から教育費を出しました。しかし、まもなくT市に私がパートに出ていることが分かってしまいました。そして、私がパート収入があるのに生活保護ももらっていたということをとがめられ、月三万円ずつT市に返還させられることになりました。この結果、私と夫は四年半の間、一ヶ月五万円で暮らさなければならなくなり、私は本当につらく、何度も自殺することを考えました。しかし、子供たちに高校を卒業させることだけを目標に、食費も切り詰めて切り詰めて即席ラーメンや野菜などを食べながら夫とともに何とかしのいできました。

このように、私は、口では言い表せないほどのつらい思いをして参りました。今も決して幸せとはいえません。中国残留孤児の人たちの中には、私よりももっともっとつらい思いをしている人もたくさんいると思います。なぜ、私たちがこのような悲惨な経験をしなければならなかったのでしょうか。

政府はこれらの悲劇がまったく存在もしないかのように、ひっそりと、なかったこととして終わらせようとしています。それが本当に許せません。

この裁判では、私たちは国にお金を請求しています。しかし、私が裁判を起こした本当の気持ちは、私たち孤児が歩んだ悲劇を二度と起こしてはならないと思うからです。私の姉や弟のように、逃げまどう中で殺されるようなことがないようにしたいのです。

私の父や母のように、酷寒の地で飢えと寒さで死んでいくようなことがないようにしたいのです。そしてまた私のように、異国の地でトウモロコシで売り買いされるような子供を二度と出したくないのです。

どうかお願いします。私たちの子供たちのためにも、二度とこのような悲劇が起こらないようにしてください。

そして、私たち孤児がせめて人生の晩年だけでも、安心した生活を送れるようにしてください。お願い致します。

纐纈代美子さんは敗戦時十歳、国民学校四年生だったが、彼女の学業はそこで止まったままだ。貧しい養家での激しい労働のなかで、母語である日本語は急速に薄れていくが、敗戦時の言語に尽しがたい体験だけはトラウマのように記憶に刻みのこされている。四十年ぶりに帰国したとき、彼女の口から日本語の挨拶さえも出てはこない。しかし幸いにも、十歳まで母語で育った彼女には、より幼くして孤児となった人びとに比べれば、言語の復現力がそなわっていたのにちがいない。懸命な努力と相まって、記憶が母語によって急速に再生していった軌跡が読みとれる。

自らの体験から、子どもたちにはせめて高校までの教育を受けさせたいというのは彼女の悲願であった。学費を捻出するために出たパートの賃銀が、就職できない夫の生活保護費から四年半にさかのぼって差しひかれるという悲劇は、纐纈さんひとりの特殊な経験ではなく、多くの「孤児帰国者」たちの持つ共通な体験になっていることが、訴状とともに東京地裁に提出された原告代表四〇名の「経歴・被害実体一覧表」から読みとることができる。

東京地裁における第一次訴訟の審理はすでに七回を数え、原告の陳述はひとわたり終わり、原告・被告双方の証人訊問に移っている。原告団のなかには、本書に登場する人たちも加わっている。終わりなき旅の終着駅が幸福駅であることを願わずにはいられない。

本書が岩波現代文庫として改版されるにあたり、ここに登場いただいた方々、そしてこれまでにお世話になった多くの方々に深い感謝を申しあげたい。

二〇〇四年七月一〇日

『終わりなき旅』に寄せて

坂本龍彦

一九九一年四月上旬、奈良市の病院で、七十二歳で病没した残留婦人・由井みちよさんが書き残した手記がある。読み返すたびに、中国の人民服姿で心もち背をかがめながら、日本の街を歩いた由井さんの姿がよみがえってくる。わが家へ泊ってくれた時、「私ゃあ幸福じゃん」とお国言葉が出た。永住帰国後、わずか三年足らずで不帰の客となった。

由井さんは、井出孫六さんと同郷の長野県佐久地方・南佐久郡川上村の出身である。故郷には千曲川が流れ、八ヶ岳を望む。沿線を、今も牧歌の趣きをやどす小海線(小淵沢―小諸間)が走る。井出さんの長兄、井出一太郎さんは「小海線車中」の一首として「周辺に見知れる客の多く居てわが挨拶も佐久訛《なま》りにす」と詠んでいる。小海線に揺られて由井さんが開拓団員の花嫁になったのは、太平洋戦争が始まった一九四一年だった。

由井さんの手記は「貧しいお百姓の家に生まれました」で始まっている。小学生時代、不景気で村は貧しく仲良しの友人二人は家族のブラジル移民で去った。由井さんも小学校六年を終えて、岡谷の町に子守奉公に出た。八ヶ岳の方を向いて毎夜、ポロポロ泣いた、という由井さんもやがて娘盛りを迎える。祖父母の看病で家に帰っていた娘の心に「大陸こそ新天地だ」という宣伝がしみ通ってくるようになった。

「若い人も年取った人もなびく風に吹かれて、大陸へ大陸へと故郷を離れていきました」と由井さんは書いている。貧しくなる村が増えて来ていた。一緒になって大陸に新らしい村造りをし、トラクターで大農場を耕す、という希望に、乙女心ははずんだ。

「大陸の花嫁」として、中ソ国境に近い旧満州東安省密山県千曲郷開拓団に入植していた夫の許へいく。しかし、「僅か四年間で夢は破れて、犬にも劣るどん底に落ちてしまいました」。四五年六月末、夫は兵士として中ソ国境へ召集。八月八日のソ連参戦で開拓団の年寄りや婦女子は山中へ逃がれ、食糧もない四十日の山中逃避行が続いた。

子供たちがまず衰えて死に、生き別れも生まれた。由井さんも、息も絶えだえになった乳のみ児を「木の下に寝かして別れました。この浮き世に生まれた子供の哀れさ」と記している。ソ連兵から敗戦の報を聞いたのは二カ月近くたってからである。

無蓋貨車でたどり着いた新京(現長春)では野草で生命をつなぎ、運動場でゴロ寝した。高熱と足のケガで動けなくなり、四六年夏、「生きるため」に中国人のブリキ工と結婚した。五六年には夫の配転で新疆自治区のウルムチへ。持病の肺結核が悪化して大手術をし

「私は働けないから最低の生活をしていました」。文化大革命（一九六六―七六）中、日本人や朝鮮人はスパイとして監禁され、女友達が逆さ吊りの拷問をも受けた――と、手記は続く。

八七年秋、ウルムチを訪れた「シルクロード友の会」の関西学院大学後藤峯雄教授らが、衰弱しきった由井さんに会い、「奈良シルクロードの会」（新宅嶺一会長）と共に、永住帰国者として迎えいれていた。長野県の親族は帰国に反対だった。

ウルムチで「死ぬ前にもう一度日本の水を飲みたい」と話していた由井さんは、帰国してから穏やかな笑顔とふくよかささえ取り戻してきていた。『終わりなき旅』の道筋を生き通さざるをえなかったこの由井さんに、私は昭和史の断面をあらわにする昭和庶民の生き方を思わざるをえない。

井出さんの『終わりなき旅』は、全国で群を抜いて多かった長野県送出開拓団に視点をすえて、昭和史の核にある旧満州における死者と、生き残った者の運命を歴史的に解明しようとした力作である。若かった由井さんが、貧しい村からの脱出に胸をときめかせたように、国策による開拓移民の強行は、「五族協和による王道楽土の建設」という美名に支えられていた。当時の治安維持法で弾圧された社会主義者グループさえ「大陸の新天地」に理想を抱いて開拓団員になった、という記録もある。

福田清人らが三九年に設立した「大陸文芸懇話会」には、伊藤整、高見順らの文士も参加し、「国家的事業達成の一助に参与し文章報国の実を挙げることにある」と、会の目的をうたっている。明治生まれの無政府主義者だった翻訳家の望月百合子さんも、三十八年渡満し、ユートピアを求めて『満州新聞』の記者になった。「中国語学びてわれもこの国の民にならんと夫とはげむも」、開拓村を訪れて、「開拓の先頭に立ち鍬と銃ともにとりつゝ拓きし国ぞ」と歌う。

しかし、開拓義勇軍訓練所の実情を見て「生活以前の生き方の中に少年を投げ込む国の方針にくし」と詠み、抗日の英雄といわれた馬占山城趾では「われと彼立場代えればわれも亦《また》匪と呼ばれつつ戦うものを」と歌った。

その歌集『まぼろしの国』の満州行第一首は、「新しき土と呼びつゝ日本が奪いし国についに来しかな」である。『終わりなき旅』の本文にあるように、「開拓の父」といわれた加藤完治は、農林省の開拓問題担当官とのやりとりで「土地は幾らなんてぐずぐずしていると立遅れになってしまう」「初めから買って入ったものはない」「どんどんやってしまえばいい」と言い放っている。「泥棒みたいですなァ」という担当官に加藤は言った。「そんなことをいえば戦争は駄目だということになります。戦争は大泥棒で人殺しだから」。

王道楽土と五族協和をうたっても、満州国は既耕農地からも中国人(当時は満人の呼称)や朝鮮人を追った「日本が奪いし国」であった。「昭和の屯田兵」として鍬と銃を持った開拓農民は、最初から現地民たちの敵意に囲まれていた、といっていい。

そして、作家田村泰次郎が「私たちの民族がひたむきに強く生きている事実が、ここにある。これこそ偉大な歴史的事件である」と書いた開拓村は安い中国人労働力が支えだった。望月百合子記者は三九年の「東満散策記」に武装移民の村だった第二次千振開拓団員の声をこう伝えている。「匪賊も影をひそめて不安は去り、苦力《クーリー》(満人労働者)を使って二十町歩の大百姓の生活を始めてみると更に楽しい」。労働は苦しくはなく、貯金が増える楽しみを妻は「井戸の水も苦力が汲んでくれる。銀座からお嫁入りした人でも大丈夫」「百姓ながら二等車(当時のグリーン車)で旅行できる」などと話した。

しかし、異国の他民族を踏みつけにした「楽土」であることを、満州育ちの少年であった私も、中国人集落の中に光る射すような眼差しに感じていた。東大名誉教授の経済学者隅谷三喜男さん(故人)は一九四〇年代、旧満州鞍山の大製鋼所労務係として勤めている。「同一労働で、日本人の賃金を二とすれば朝鮮人は一・七から一・八、中国人は一に抑えられていた」と、労務政策の矛盾を語る。軍の威を借りたそうした植民地経営の中で、小作農民であった日本の開拓民は地主的な雇用主であり、かつて土地の主人公だった現地民は、小作人的な雇い人である、という仕組みも成り立ったのだった。

残留日本人たちを訪れての数回の中国への旅で、胸を衝かれたのは、小・中学生までが「九・一八」の歌を歌えることだった。篠田欽次訳として『終わりなき旅』に出てくる満州事変に始まる中国侵略への抗日歌である。「我的家在東北松花江上――わが家は東北・松花江のほとりにあり」で始まり、森林と鉱山の宝庫、穀物実る豊かな大地、そして老父母のいる故郷を九・一八で捨てた、と続く。何度その歌声を聞いたことか。「いつの日、故郷を取り戻すことができるか」と歌った解放の日が、四五年八月十五日だった。

その前、八月八日のソ連参戦――旧満州進攻時から、開拓団員たちの死の逃避行は始まっている。団員といっても、男は四十歳代の高齢者も四五年五月から八月にかけて根こそぎ召集され、残った主力は老幼婦女子である。「もし夫がいてくれたら」と由井さんも手記に記しているが、橋を落し、食糧倉庫を焼いて日本軍が潰走して行った無防備地帯で難民行は続けられた。すでに大本営は一九四四年九月、旧満州・朝鮮国境の確保に全力を挙げることにし、四五年一月には軍司令部の撤退も具体化して南下が進んでいた。しかし、防衛線縮小は、ソ連に動揺をさとられないための「軍機密」として、各省にも、もちろん国境の開拓団にも伝えられることはなかった。終戦の情報さえ伝達されていない。

一九五三年当時の外務省資料によっても二十七万人の開拓団関係者中、戦後の死者は八万人を超える。戦闘した軍人たちやシベリア抑留捕虜の死亡率をはるかに超える数字である。そして、太平洋戦争下、「日本による満州統治はますます軍事的、強権的となり、原地民は労務供出、糧穀出荷などの強制に対して日系軍官を強く憎悪するにいたった」状況があった(満蒙同胞援護会編『満蒙終戦史』)。

ソ連軍の襲撃と同時に、苛酷な植民地支配への現地民や満州国軍の恨みの反撃を、軍に代って受け止めたのが、婦女子老幼中心の開拓団だった。『終わりなき旅』に記されている極限の死が続いた。旧興安南省東京開拓団の八百余名のように、暴民襲撃の中でほとんど全滅した開拓団も二、三ではない。同団七百余名の婦女の大半は子を殺して自決した。

自分が出征中、妻子三人を含め歩けなくなった婦女子老幼一〇六人を興安嶺山中に残してこなければならなかったことを知って、大青森郷開拓団総合団長川崎文三郎さんは、日本人居留民団への報告書に「人ノ心モマタ道ナキカ」と記している。満州統治と対ソ作戦、さらに食糧確保の国策の先兵として狩り出された開拓団員を「棄民」とした「道ナキ大日本帝国」への憤りであろう。しかも「生きて虜囚の辱めを受けず」の教育の中で、一一〇人以上の自殺者を出した開拓団も百を超える、という(『満蒙終戦史』)。

「棄民」ゆえに残留孤児も、残留婦人も生まれた。山中に置いてきた三歳の幼女の代りに人形をおんぶして歩き「しゃらしゃらと泣くんだ」という老母の話を聞いたことがある。三歳以下の幼児はほとんど衰弱死するという難民行の中で、門前や山中に捨て子したり、中国人にわが子を託してきた母親たちの心の傷口もまた深い。その「棄民」がよみがえるための政治と行政をも『終わりなき旅』は問いかけている。しかし、受け入れる公営住宅さえ整えられず、日本語教育の体制も整っているとはいえない。賃金差別の問題さえしばしば起きている。日本弁護士連合会が先に提唱したような帰国者自立のための特別立法への動きもなく帰国者は生活苦にさらされている。

ボランティアの善意がなかったら由井みちよさんは、渇望した日本の水も飲めなかった。望郷の思いに焦がれながら、広野の土まんじゅうの下に埋まっている残留者の何人かを、私は知っている。

一時帰国した時、「なんで中国人と結婚したんだ、と県庁でいわれた」と、悔し涙を流していた残留婦人がいた。「恥をかかせられるから生活保護は受けたくない。倒れるまで働くよ」と、病身で家政婦を続ける五十歳の残留孤児女性はいう。土着のふるさとびとに焦点をすえながら『終わりなき旅』は、日本という国の体質を根底から問うているのである。

一九九一年六月

本著作は一九八六年一月、岩波書店より刊行された。底本には岩波同時代ライブラリー版(一九九一年刊)を用いた。

終わりなき旅

2004年8月19日　第1刷発行
2021年4月15日　第3刷発行

著　者　井出孫六《いでまごろく》

発行者　岡本　厚

発行所　株式会社　岩波書店
〒101-8002 東京都千代田区一ツ橋2-5-5
案内 03-5210-4000　営業部 03-5210-4111
https://www.iwanami.co.jp/

印刷・精興社　製本・中永製本

ISBN 4-00-603095-9　　Printed in Japan

岩波現代文庫創刊二〇年に際して

二一世紀が始まってからすでに二〇年が経とうとしています。この間のグローバル化の急激な進行は世界のあり方を大きく変えました。世界規模で経済や情報の結びつきが強まるとともに、国境を越えた人の移動は日常の光景となり、今やどこに住んでいても、私たちの暮らしは世界中の様々な出来事と無関係ではいられません。しかし、グローバル化の中で否応なくもたらされる「他者」との出会いや交流は、新たな文化や価値観だけではなく、摩擦や衝突、そしてしばしば憎悪までをも生み出しています。グローバル化にともなう副作用は、その恩恵を遥かにこえていると言わざるを得ません。

今私たちに求められているのは、国内、国外にかかわらず、異なる歴史や経験、文化を持つ「他者」と向き合い、よりよい関係を結び直してゆくための想像力、構想力ではないでしょうか。

新世紀の到来を目前にした二〇〇〇年一月に創刊された岩波現代文庫は、この二〇年を通して、哲学や歴史、経済、自然科学から、小説やエッセイ、ルポルタージュにいたるまで幅広いジャンルの書目を刊行してきました。一〇〇〇点を超える書目には、人類が直面してきた様々な課題と、試行錯誤の営みが刻まれています。読書を通した過去の「他者」との出会いから得られる知識や経験は、私たちがよりよい社会を作り上げてゆくために大きな示唆を与えてくれるはずです。

一冊の本が世界を変える大きな力を持つことを信じ、岩波現代文庫はこれからもさらなるラインナップの充実をめざしてゆきます。

（二〇二〇年一月）

S286
平和は「退屈」ですか
―元ひめゆり学徒と若者たちの五〇〇日―
下嶋哲朗

沖縄戦の体験を、高校生と大学生が語り継ぐプロジェクトの試行錯誤の日々を描く。社会人となった若者たちに改めて取材した新稿を付す。

S287
野口体操入門
―からだからのメッセージ―
羽鳥　操

「人間のからだの主体は脳でなく、体液である」という身体哲学をもとに生まれた野口体操。その理論と実践方法を多数の写真で解説。

S288
日本海軍はなぜ過ったか
―海軍反省会四〇〇時間の証言より―
澤地久枝
半藤一利
戸髙一成

勝算もなく、戦争へ突き進んでいったのはなぜか。「勢いに流されて――」。いま明かされる海軍トップエリートたちの生の声。肉声の証言がもたらした衝撃をめぐる白熱の議論。

S289-290
アジア・太平洋戦争史(上・下)
―同時代人はどう見ていたか―
山中　恒

いったい何が自分を軍国少年に育て上げたのか。三〇年来の疑問を抱いて、戦時下の出版物を渉猟し書き下ろした、あの戦争の通史。

S291
戦下のレシピ
―太平洋戦争下の食を知る―
斎藤美奈子

十五年戦争下の婦人雑誌に掲載された料理記事を通して、銃後の暮らしや戦争について知るための「読めて使える」ガイドブック。文庫版では占領期の食糧事情について付記した。

S292
食べかた上手だった日本人
―よみがえる昭和モダン時代の知恵―
魚柄仁之助

八〇年前の日本にあった、モダン食生活のユートピア。食料クライシスを生き抜くための知恵と技術を、大量の資料を駆使して復元！

S293
新版 報復ではなく和解を
―ヒロシマから世界へ―
秋葉忠利

長年、被爆者のメッセージを伝え、平和活動を続けてきた秋葉忠利氏の講演録。好評を博した旧版に三・一一以後の講演三本を加えた。

S294
新島襄
和田洋一

キリスト教を深く理解することで、日本の近代思想に大きな影響を与えた宗教家・教育家、新島襄の生涯と思想を理解するための最良の評伝。〈解説〉佐藤 優

S295
戦争は女の顔をしていない
スヴェトラーナ・アレクシエーヴィチ
三浦みどり訳

ソ連では第二次世界大戦で百万人をこえる女性が従軍した。その五百人以上にインタビューした、ノーベル文学賞作家のデビュー作にして主著。〈解説〉澤地久枝

S296
ボタン穴から見た戦争
―白ロシアの子供たちの証言―
スヴェトラーナ・アレクシエーヴィチ
三浦みどり訳

一九四一年にソ連白ロシアで十五歳以下の子供だった人たちに、約四十年後、戦争の記憶がどう刻まれているかをインタビューした戦争証言集。〈解説〉沼野充義

S297
フードバンクという挑戦
—貧困と飽食のあいだで—
大原悦子
食べられるのに捨てられてゆく大量の食品。一方に、空腹に苦しむ人びと。両者をつなぐフードバンクの活動の、これまでとこれからを見つめる。

S298
いのちの旅
「水俣学」への軌跡
原田正純
水俣病公式確認から六〇年。人類の負の遺産「水俣」を将来に活かすべく水俣学を提唱した著者が、様々な出会いの中に見出した希望の原点とは。〈解説〉花田昌宣

S299
紙の建築　行動する
—建築家は社会のために何ができるか—
坂茂
地震や水害が起きるたび、世界中の被災者のもとへ駆けつける建築家が、命を守る建築の誕生とその人道的な実践を語る。カラー写真多数。

S300
犬、そして猫が生きる力をくれた
—介助犬と人びとの新しい物語—
大塚敦子
保護された犬を受刑者が介助犬に育てるという米国での画期的な試みが始まって三〇年。保護猫が刑務所で受刑者と暮らし始めたこと、元受刑者のその後も活写する。

S301
沖縄　若夏の記憶
大石芳野
戦争や基地の悲劇を背負いながらも、豊かな風土に寄り添い独自の文化を育んできた沖縄。その魅力を撮りつづけてきた著者の、珠玉のフォトエッセイ。カラー写真多数。

2021. 4

S302
機会不平等
斎藤貴男

機会すら平等に与えられない〝新たな階級社会の現出〟を粘り強い取材で明らかにした衝撃の著作。最新事情をめぐる新章と、森永卓郎氏との対談を増補。

S303
私の沖縄現代史
—米軍支配時代を日本(ヤマト)で生きて—
新崎盛暉

敗戦から返還に至るまでの沖縄と日本の激動の同時代史を、自らの歩みと重ねて描く。日本(ヤマト)で「沖縄を生きた」半生の回顧録。岩波現代文庫オリジナル版。

S304
私の生きた証はどこにあるのか
—大人のための人生論—
H.S.クシュナー
松宮克昌訳

私の人生にはどんな意味があったのか? 人生の後半を迎え、空虚感に襲われる人々に旧約聖書の言葉などを引用し、悩みの解決法を提示。岩波現代文庫オリジナル版。

S305
戦後日本のジャズ文化
—映画・文学・アングラ—
マイク・モラスキー

占領軍とともに入ってきたジャズは、アメリカそのものだった! 映画、文学作品等の中のジャズを通して、戦後日本社会を読み解く。

S306
村山富市回顧録
薬師寺克行編

戦後五五年体制の一翼を担っていた日本社会党は、その誕生から常に抗争を内部にはらんでいた。その最後に立ち会った元首相が見たものは。

2021.4

S307
大逆事件
―死と生の群像―
田中伸尚

天皇制国家が生み出した最大の思想弾圧「大逆事件」。巻き込まれた人々の死と生を描き出し、近代史の暗部を現代に照らし出す。〈解説〉田中優子

S308
「どんぐりの家」のデッサン 漫画で障害者を描く
山本おさむ

かつて障害者を漫画で描くことはタブーだった。漫画家としての著者の経験から考えてきた、障害者を取り巻く状況を、創作過程の試行錯誤を交え、率直に語る。

S309
鎖塚
―自由民権と囚人労働の記録―
小池喜孝

北海道開拓のため無残な死を強いられた囚人たちの墓、鎖塚。犠牲者は誰か。なぜその地で死んだのか。日本近代の暗部をあばく迫力のドキュメント。〈解説〉色川大吉

S310
聞き書 野中広務回顧録
御厨貴
牧原出 編

二〇一八年一月に亡くなった、平成の政治をリードした野中広務氏が残したメッセージ。五五年体制が崩れていくときに自民党の中で野中氏が見ていたものは。〈解説〉中島岳志

S311
不敗のドキュメンタリー
―水俣を撮りつづけて―
土本典昭

『水俣―患者さんとその世界―』『医学としての水俣病』『不知火海』などの名作映画の作り手の思想と仕事が、精選した文章群から甦る。〈解説〉栗原彬

S312
増補 隔離 ―故郷を追われたハンセン病者たち―
徳永進
らい予防法が廃止され、国の法的責任が明らかになった後も、ハンセン病隔離政策が終わり解決したわけではなかった。回復者たちの現在の声をも伝える増補版。〈解説〉宮坂道夫

S313
沖縄の歩み
国場幸太郎
新川明
鹿野政直 編
米軍占領下の沖縄で抵抗運動に献身した著者が、復帰直後に若い世代に向けてやさしく説き明かした沖縄通史。幻の名著がいま蘇る。〈解説〉新川明・鹿野政直

S314
ぼくたちはこうして学者になった ―脳・チンパンジー・人間―
松本元
松沢哲郎
「人間とは何か」を知ろうと、それぞれ新たな学問を切り拓いてきた二人は、どのような生い立ちや出会いを経て、何を学んだのか。

S315
ニクソンのアメリカ ―アメリカ第一主義の起源―
松尾文夫
白人中産層に徹底的に迎合する内政と、中国との和解を果たした外交。ニクソンのしたたかな論理に迫った名著を再編集した決定版。〈解説〉西山隆行

S316
負ける建築
隈研吾
コンクリートから木造へ。「勝つ建築」から「負ける建築」へ。新国立競技場の設計に携わった著者の、独自の建築哲学が窺える論集。

2021.4

S317
全盲の弁護士　竹下義樹
小林照幸

視覚障害をものともせず、九度の挑戦を経て弁護士の夢をつかんだ男、竹下義樹。読む人の心を揺さぶる傑作ノンフィクション！

S318
一粒の柿の種
―科学と文化を語る―
渡辺政隆

身の回りを科学の目で見れば…。その何と楽しいことか！　文学や漫画を科学の目で楽しむコツを披露。科学教育や疑似科学にも一言。〈解説〉最相葉月

S319
聞き書　緒方貞子回顧録
野林健
納家政嗣　編

「人の命を助けること」、これに尽きます――。国連難民高等弁務官をつとめ、「人間の安全保障」を提起した緒方貞子。人生とともに、世界と日本を語る。〈解説〉中満泉

S320
「無罪」を見抜く
―裁判官・木谷明の生き方―
木谷明
山田隆司
嘉多山宗　聞き手・編

有罪率が高い日本の刑事裁判において、在職中いくつもの無罪判決を出し、その全てが確定した裁判官は、いかにして無罪を見抜いたのか。〈解説〉門野博

S321
聖路加病院　生と死の現場
早瀬圭一

医療と看護の原点を描いた『聖路加病院で働くということ』に、緩和ケア病棟での出会いと別れの新章を増補。〈解説〉山根基世

2021.4

S322

菌世界紀行
―誰も知らないきのこを追って―

星野保

大の男が這いつくばって、世界中の寒冷地にきのこを探す。雪の下でしたたかに生きる菌たちの生態とともに綴る、とっておきの〈菌道中〉。〈解説〉渡邊十絲子

S323-324

キッシンジャー回想録

中国(上・下)

ヘンリー・A・キッシンジャー
塚越敏彦ほか訳

世界中に衝撃を与えた米中和解の立役者であるキッシンジャー。国際政治の現実と中国の論理を誰よりも知り尽くした彼が綴った、決定的「中国論」。〈解説〉松尾文夫

S325

井上ひさしの憲法指南

井上ひさし

「日本国憲法は最高の傑作」と語る井上ひさし。憲法の基本を分かりやすく説いたエッセイ、講演録を収めました。〈解説〉小森陽一

2021.4